JORGE CERVERA TIRADO

GASTRONOMIA EASY

Tecniche e Consigli Pratici per Avviare, Gestire e Portare al Successo un Business nel Settore della Gastronomia Partendo da Zero

Titolo

"GASTRONOMIA EASY"

Autore

Jorge Cervera Tirado

Editore

Bruno Editore

Sito internet

http://www.brunoeditore.it

Sommario

Introduzione

Gastronomia easy potrebbe essere descritto come un manuale atipico, la storia e l'enumerazione di diverse condizioni che, una volta controllate ed eseguite positivamente, possono contribuire a rendere la tua nuova attività gastronomica un successo.

In questo libro si cerca di descrivere le diverse variabili e gli scenari che entrano in gioco nella gestione di un bar o di un ristorante, con semplicità e linearità. Vedremo i diversi temi di gestione delle attività gastronomiche: pianificazione iniziale, analisi e studio della concorrenza, Marketing Plan, gestione operativa ed eventuali mezzi di controllo da utilizzare.

Parleremo poi della tipologia di bar o ristorante, con i diversi servizi e prodotti offerti, e delle eventuali strategie da considerare. Tutto ciò con dovizia di esempi e di immagini di aziende reali che sono riuscite in qualche modo ad avere successo, oppure delle situazioni che possono servire come esempio.

Ti mostrerò diversi tool e metodi di gestione utilizzati oggi da molte aziende con vari punti di vendita simultanei. Immagina di entrare in una grotta buia, senza luce. Appariranno fattori come la paura dell'ignoto, la possibilità di cadere in qualche buco, nel vuoto, non sapendo cosa c'è dentro queste aree sconosciute. Ecco, cercheremo di consegnarti la lanterna con cui puoi illuminare questa grotta e vederne ogni angolo, in modo che il tuo viaggio sia più sicuro.

Ovviamente, affinché l'avvio della tua attività di ristorazione sia il più positivo possibile, intervengono innumerevoli fattori che possono far andare bene o male la tua attività (fattori esterni che non puoi controllare, il non essere efficiente con il personale, azioni politiche che influenzano la tua attività, un semplice fatto sociale che ci riguarda in modo serio), ma in questo libro ti raccontiamo diversi punti che influenzeranno la buona esecuzione del tuo progetto al fine di ottenere un rischio di fallimento molto più basso e di aumentare la probabilità che tutto vada bene.

L'industria dell'ospitalità è un settore con un peso rilevante nell'economia di un paese, specialmente in quelli con un importante settore terziario relativo ai servizi. Ad esempio, in Spagna, nel 2018 ha rappresentato il 6,2% del PIL, raggiungendo un fatturato di 123.000 milioni di euro, impiegando 1,7 milioni di lavoratori e superando i 300.000 stabilimenti (dati dei datori di lavoro del settore dell'ospitalità). Allo stesso tempo, negli ultimi 8 anni sono stati chiusi 19.300 bar, una media di 2.400 l'anno. Vedremo alcuni punti che potrebbero aiutarti a non far rientrare il tuo bar o ristorante in questa media negativa.

Magari sei qualcuno che ha esperienza in gastronomia, o che ha lavorato per un po' di tempo nel settore e ha acquisito una buona conoscenza, o forse ti sono venute in mente tante idee e ora puoi intraprendere la tua avventura da solista. Magari sei un appassionato di cucina o del mondo delle bevande, o semplicemente ritieni di poter fare un investimento in un posto che pensi possa essere redditizio. Le ragioni possono essere diverse, ma l'obiettivo finale è aprire un locale gastronomico.

La domanda che ci viene posta è: che tipo di attività aprire? A meno che tu non abbia un'idea molto chiara, le opzioni o le possibilità potrebbero essere tante. Il primo fattore che influenzerà l'una o l'altra opzione sarà quello economico. È chiaro che per alcune attività l'investimento dovrà essere maggiore, così come la specializzazione. In altri casi, anche con meno investimenti possiamo realizzare il nostro sogno ed essere in grado di svolgere quell'attività che abbiamo sempre sognato. E ricorda, la passione e la dedizione che metteremo nella nostra attività saranno fra i principali fattori di successo.

Lasciando da parte il fattore economico e gli investimenti, dovremo decidere il tipo di luogo da aprire: un'attività di ristorazione che segua dei processi rigidi o magari qualcosa a gestione familiare e in cui la nostra mano e il tocco personale siano incisivi, oppure una cucina gourmet raffinata.

Nelle pagine che seguono, vedremo i diversi fattori che possono aiutarti a decidere. Non c'è nessun metodo che sia migliore di un altro, o che sia più facile o più redditizio, il successo finale dipenderà da te.

In questo libro ci concentreremo sulla parte dell'offerta, ma senza trascurare la gestione dei costi e la parte di bilancio. Non entreremo in altre aree gestionali come manuali di produzione, controllo igienico-sanitario, sicurezza sul lavoro e così via.

Non esiste il segreto per garantire il successo, ma è vero che con il lavoro, la preparazione e la professionalità, gli andremo più vicino. Il resto dipende solo ed esclusivamente da *te!*

Capitolo 1:
Il mercato

1. ANALISI DI MERCATO

Cominciamo con l'atmosfera che vogliamo creare nella nostra attività. Ad esempio, una location nella quale predominino il legno, il tocco di calore di alcuni tessuti e l'ardesia nera opaca, oppure un ristorante tipo gourmet dove si utilizzano tessuti di alta qualità, si veste la tavola con tovaglie impeccabili e posate ultimo design e con un'illuminazione adeguata.

Tutto ciò può essere o non essere valido a seconda del mercato. Ad esempio, non sempre lo stesso bel posto in cui ci troviamo al centro di una città, può funzionare in un mercato turistico o viceversa. Possiamo creare un tipo di atmosfera e tentare d'imporla sul mercato in cui ci troviamo, oppure possiamo analizzare quel mercato, vedere cosa offre la concorrenza e da lì cercare l'atmosfera che ci fa differenziare dai concorrenti.

Ciò non significa che un metodo sia migliore dell'altro, è semplicemente un modo per iniziare la parte principale della nostra pianificazione, tuttavia è più consigliato iniziare con l'analisi del mercato e lo studio degli altri imprenditori locali.

La posizione del nostro negozio è un altro fattore indispensabile per il successo. A seconda del tipo di area in cui ti trovi, il potenziale per attirare i clienti può essere molto diverso, così come la quantità di denaro da investire. Ad esempio, se pensiamo di posizionare il nostro locale in aree di servizio, aree industriali oppure aree vicine a monumenti importanti, l'investimento può variare considerevolmente.

2. TIPI DI MERCATO

Esistono diversi tipi di attività a seconda delle caratteristiche del mercato: urbane (città), locali rurali, di transito (su strada), in zone turistiche, all'interno di centri sportivi e così via. Per ora ne vedremo soltanto alcuni.

Attività gastronomica in zone turistiche

A volte questo tipo di attività può coincidere in concetto e processo di produzione con i locali di tipo urbano o di città. In questo caso partiamo da una differenza importante: la frequenza delle visite dei clienti (fedeltà). In un locale di tipo turistico, normalmente il cliente fa una singola visita e raramente diventa abituale (a meno che non sia residente nell'area); magari potrebbe ripetere la visita nel caso in cui la sua esperienza sia stata soddisfacente. Il motivo per cui viene nel nostro locale è principalmente perché, durante la sua visita o vacanza nella nostra zona, trova il nostro locale interessante per diverse caratteristiche (prezzo, localizzazione, atmosfera ecc.).

Il tipo di gastronomia e menu da offrire saranno diversi e si adatteranno alla nostra domanda, seguendo diversi fattori relativi al tipo di turismo, come:

- Turismo di natura: mare, montagna, turismo di wellness ecc.
- Turismo culturale: chiese, musei, monumenti ecc.

Il potere di acquisizione dei clienti durante la pianificazione della nostra attività e della nostra offerta sarà un punto importante da tenere in conto. Dovremo distinguerci per quanto riguarda la concorrenza, con un'atmosfera diversa, un nuovo fattore non offerto prima, un prodotto di qualità. La politica dei prezzi sarà sicuramente decisiva. Il cliente tipo di questi negozi è di solito molto impulsivo. Si troverà di fronte a un gran numero di ristoranti, e a tanti prezzi diversi, così come tante offerte. Perciò il modo in cui ci presenteremo è fondamentale.

Immagina la strada di una città attraversata da un gran numero di turisti diversi ogni giorno. Una strada circondata da bei palazzi e strutture, in cui si può apprezzare un certo stile architettonico, colori diretti verso il grigio della pietra, con il tocco del legno delle case che lo circondano. Quando creiamo l'atmosfera dei nostri locali, dobbiamo considerare tutti questi fattori. Da un lato che il nostro locale sia in linea con l'architettura della zona (a volte questo fattore può anche essere imposto) e, dall'altro, differenziarsi dagli altri locali. Vediamo quali fattori dovremo considerare.

Comunicazione commerciale del nostro marchio (Brand Communication)

Nome del locale, segnaletica esterna, cartello all'ingresso, logo. Devono essere attraenti, accattivanti, diversi dagli altri, capaci di catturare l'attenzione del cliente. Immagina ad esempio che, nella nostra strada piena di ristoranti, la stragrande maggioranza delle insegne sia di colore scuro: usare un colore diverso e più chiaro può essere determinante per attirare l'attenzione del cliente.

Identificare un colore tipo "corporate" con la propria idea imprenditoriale

Possiamo utilizzare il colore verde per un tipo d'attività che preveda l'utilizzo di prodotti biologici o per quelle associate al wellness; colori energetici per attirare l'impulsività (rosso o giallo) tipici delle aziende di tipo fast food, blu per i ristoranti che servono prodotti ittici, insomma, le opzioni sono molteplici.

Naturalmente, fai una scelta accurata, perché questo sarà sicuramente uno dei fattori di differenziazione a livello di immagine e, una volta iniziato, tirarsi indietro può essere negativo per la tua strategia di comunicazione. È importante selezionare bene l'immagine aziendale, poiché sarà l'elemento finale con il quale il nostro cliente potrà identificarci associandoci a un determinato standard. Oltre al colore, dovrai decidere il nome del negozio, lo slogan, il logo, i font utilizzati nei menu ecc.

Prezzi

Esporre all'ingresso, o sulla strada, il menu con dei prezzi selezionati, attraverso la classica lista di menu, lavagna, poster pubblicitari esterni ecc. Il potenziale cliente (tipo turista) prima di entrare nel nostro locale guarderà i prezzi esposti dei nostri prodotti.

In questo tipo di attività il prezzo è un fattore molto importante, quasi escludente. Il cliente è molto sensibile al prezzo e, di solito, cerca il posto con quello più basso relativamente al prodotto che sta cercando. Il nostro ristorante deve rispondere all'esigenza di fornire un prodotto di qualità e ben elaborato, offrendolo a un prezzo migliore rispetto alla concorrenza, dal momento che, soprattutto negli ultimi tempi, il budget per vacanze e viaggi è, generalmente, limitato.

Cura dell'arredamento e creazione dell'atmosfera

Nelle nostre possibilità di investimento, la scelta di un arredamento di qualità è importante. Immagina di essere di fronte a due ristoranti: uno con sedie e tavoli di plastica rossa poggiati sulla pavimentazione della strada (non molto bella), l'altro con una sedia di design e un tavolo in legno su una bellissima piattaforma galleggiante di rovere. So che l'esempio è estremo, ma il nostro arredamento denota esternamente la qualità e l'immagine del nostro prodotto e suscita buone aspettative nei nostri clienti.

A volte è utile il consiglio di un esperto di arredamento. Non sempre il posto più bello è quello con i mobili più costosi. A volte riutilizzare oggetti e riabilitarli può diventare una piacevole sorpresa. Essere trasgressivi e innovativi può anche aiutarci.

Non fare sempre ciò che fanno tutti, prova ad andare controcorrente, ad esempio arredando con sedie e tavoli di diversi modelli e colori, diversificando gli ambienti, rompendo l'ordine simmetrico, combinando spazi e corner, allestendo angoli tematici e così via.

Un prodotto diverso dal resto della concorrenza

Normalmente la cucina di questo tipo di attività segue dei parametri abbastanza simili, fast food, cucina tipo snack, panini o sandwich, pizza, oppure menu del giorno con qualche piatto di pasta o di riso. Cottura veloce ed elaborazioni che seguono dei processi ben chiari.

Ricordo una volta che un grande professore di strategia aziendale, durante il mio periodo alla scuola di business ESIC, mi disse che esistevano soltanto due strategie: quelle che ponevano l'enfasi sul costo (prezzo) e quelle che la ponevano sulla differenziazione (prodotto). In questo tipo di mercato saturo, che si tratti di attività o di clienti, la differenziazione è fondamentale.

Se inizi la tua attività in un mercato di questo tipo, prova a fare qualcosa che altri non abbiano fatto prima. Puoi pensare: «Se divento il migliore nel fare questo tipo di cucina, il cliente sceglierà il mio locale». Sì, potrebbe essere vero ma, in questo caso, queste informazioni non sempre raggiungono il cliente.

Ciò che percepisce è il concetto e il prodotto di ogni luogo. Fare qualcosa di diverso da tutto il resto ci darà quella "fetta di torta", o nicchia di mercato, in esclusiva. Puoi provare a fare qualcosa di etnico, qualcosa di semplice ma di qualità, qualcosa in cui sei esperto... ma tutto ciò dovrà essere fattibile e unico.

Just panino!

Durante il mio soggiorno in Svizzera, quando collaboravo con il gruppo Migros, durante le trasferte in cui dovevo recarmi a Zurigo presso la sede centrale, ho sempre visto un piccolo locale pieno di gente, con un'interminabile fila di clienti. Un giorno, per curiosità, mi sono fermato a vedere cosa offrivano. Era un negozio che vendeva soltanto panini, tipo baguette o ciabatte; avevano circa 10 o 12 ingredienti (salsicce, formaggi e due o tre salse) e 3 tipi di pane. Pochi ingredienti ma di ottima qualità, un ottimo affettato. Buon prezzo (nell'ambito del loro mercato), servizio veloce e con un prodotto così facile da montare che non necessitava di un servizio molto specializzato. Semplicemente fantastico!

Ho trovato qualcosa di simile a Milano, in una via vicina a piazza Duomo. C'è un piccolo negozio che vende un singolo prodotto: il panzerotto. Bene, durante l'ora di pranzo, non puoi immaginare la quantità di persone che si possono vedere ogni giorno. Si sono creati la loro nicchia di mercato.

Come si può notare, per avere successo non è sempre necessario investire un sacco di soldi o essere un grande specialista di cucina per ognuno dei prodotti di un menu. Devi avere le idee molto chiare, fare qualcosa di diverso, qualcosa che conosci davvero ed essere meticoloso nel processo.

Processi nell'elaborazione dei prodotti

Oggi una delle maggiori difficoltà nella gestione di un'attività gastronomica – che a sua volta è la risorsa spesso più importante – sta nella gestione delle persone. Pur avendo il locale più bello della città, il miglior menu o la migliore idea, e pur comunicando meglio di chiunque altro, se lo staff che svolge l'attività non funziona o non segue le tue linee guida, l'attività non andrà bene, garantito al cento per cento.

Ovviamente è meglio fare una buona politica retributiva, comprensiva di incentivi economici e non economici, di formazione oppure di altri prodotti interessanti per i nostri dipendenti, che possa garantirci uno staff adeguato. Ma non potremo sempre questo sarà certo, né per quanto riguarda le risorse finanziarie, né per quanto riguarda la disponibilità di tempo.

Ci sarà sempre chi potrà pagare i collaboratori meglio di noi, oppure chi può offrire possibilità di carriera più interessanti. Possiamo (e dobbiamo) anche svolgere processi di formazione continua con il personale. Sappiamo che ci sarà sempre una certa rotazione e il rischio che, un giorno, il nostro cuoco o cameriere prenda un'altra strada, ma non per questo motivo smetteremo di farlo. Avere una buona politica di carriera e formazione per i tuoi dipendenti ti renderà un'azienda attraente in cui lavorare.

Ad esempio, nelle grandi catene alberghiere e di ristorazione, uno dei punti strategici, un punto chiave nella gestione del personale, è l'elaborazione dei *processi*, sia per la parte del servizio sia per quella del prodotto.

Dobbiamo essere in grado di sviluppare standard di comportamento, processi di adeguata accoglienza del nostro cliente, gestione dei reclami, tutto ciò che riteniamo possa essere importante per il futuro del nostro ristorante. Oppure altri processi puramente operativi, come la strutturazione del servizio, la gestione delle ordinazioni, la comunicazione con la cucina e così via.

Allo stesso tempo, possiamo pure elaborare processi rigorosamente per il prodotto, come il cost control pricing, che ci garantiscono la stessa qualità e il costo desiderato per ognuno dei nostri prodotti, così come l'uso di macchinari che ci aiuteranno a standardizzare questi processi ecc. Il trend attuale, la tendenza verso cui la gastronomia punta, è la digitalizzazione, ma ne parleremo più avanti.

Rotazione dei clienti (adatta l'arredamento sedie e tavoli per raggiungere il tuo obbiettivo). Un altro fattore relativo al profitto della nostra attività è quello della rotazione dei clienti. Avere un elevato turnover del cliente significa avere il maggior numero possibile di clienti in un determinato periodo di tempo. Maggiore è la rotazione, maggiore è il numero di clienti che siedono ai nostri tavoli.

Nelle attività turistiche, o nei ristoranti tipo fast food, la rotazione sarà elevata, mentre nei ristoranti più di tipo gourmet, o quelli che servono piatti più elaborati a prezzi maggiori, la rotazione sarà molto più bassa. La rotazione, normalmente e salvo eccezioni, è inversamente proporzionale al costo medio per cliente e al tempo di permanenza, vale a dire ad esempio che, in un fast food, il tempo medio di permanenza di un cliente è inferiore (avremo una rotazione elevata) e anche la sua spesa media sarà normalmente più bassa.

Il contrario accade normalmente con la cucina gourmet, ad esempio, un ristorante di un certo livello e con determinati prezzi che, ad esempio, offre un certo menu degustazione, avrà un periodo di permanenza per cliente maggiore. Il menu, la presentazione del piatto, l'arredamento (sedie più comode o senza braccioli, tavoli più piccoli), il tipo di servizio sono tutti fattori che influenzano la rotazione.

Ristorante Elementi, Lugano (Svizzera)

Intorno al 2014, durante il periodo in cui ero Food & Beverage Manager al Casinò di Lugano, ci siamo trovati di fronte a un bel progetto di creazione di un nuovo ristorante tipo gourmet. All'interno del vecchio spazio ex-Elementi c'era una sala con servizio tipo buffet, con una media di 8-10 clienti al giorno; non era un prodotto molto attraente in quel momento per quello che era il livello di qualità del casinò.

Si decise quindi d'iniziare a creare un ristorante gourmet con un menu diverso, progettato, all'inizio, esclusivamente per i giocatori del casinò. Lo spazio a disposizione non era molto ampio, non esisteva nemmeno una cucina (prima di questo progetto, il prodotto arrivava dalla cucina centrale, situata a un altro piano, trasportato con dei carrelli da cucina) e l'atmosfera era un po' fredda e non molto accogliente.

Decidemmo di lasciare il pavimento che c'era, dato che era di buona qualità (colore grigio scuro brillante) e cercammo di sfruttare la grande vetrata laterale con vista su un bellissimo viale della città di Lugano. Il tipo di tavolo scelto era di un materiale simile all'ardesia (circa 80 cm). Mischiammo modelli di tavoli quadrati con altri rettangolari e persino con uno tondo da 6 commensali. Distribuendo i tavoli in parallelo uno accanto all'altro, siamo riusciti a ottenere una capienza di circa 40 coperti, abilitando uno stand tipo "welcome" per i clienti, dove potevamo gestire le prenotazioni, e due stazioni di servizio (una con mobili che contenevano biancheria da tavola e service, l'altra per bicchieri e computer tipo POS).

Riuscimmo ad avere circa 35 mq a disposizione per poter costruire la cucina dopo avere modificato lo spazio del lounge bar. Quindi creammo una cucina con cella frigorifera (con prodotti freschi e di ultimo uso), una zona lavaggio con plonge, una zona fredda per i dolci (mini patisserie) e una zona centrale con cappa e fuochi a induzione con forno CombiSteamer e abbattitore accanto. Pass per i camerieri (armadio termico incluso). Lavoro efficiente in termini di sfruttamento dello spazio disponibile.

Cucina a vista, dal momento che abbiamo rimosso una parte del muro per poter inserire una finestra che avrebbe permesso ai nostri clienti di vedere l'interno della cucina, offrendo trasparenza e qualità, oltre alla possibilità di far vedere come si preparava tutto.

Il menu consisteva in circa 25 piatti diversi, dessert inclusi, tutti preparati con cura e affetto. Avevamo elaborato diversi processi di produzione e servizio, creato delle schede tecniche per ogni prodotto, preparavano fondi e salse già in un'unica porzione in anticipo, lavoravamo tanto sulla mise en place utilizzando il vacuum (sottovuoto).

Quello che avrebbe dovuto essere un ristorante esclusivamente per i clienti del casinò, era diventato un luogo di successo in città, accessibile a tutti, con una tripla rotazione dell'intera sala durante i fine settimana, ovvero, durante la cena avevamo pure triplicato i tavoli e le prenotazioni, a volte servendo fino a 130 coperti. Aprivamo unicamente per il servizio di cena, quindi, per poter avere un maggior numero di clienti, inventammo il concetto di Late Dinner (tieni presente che in Svizzera di solito si cena tra le 18:00 e le 19:00). Offrivamo il servizio fino alle 1:00 del mattino.

Con delle strategie molto efficienti, siamo ad esempio riusciti a situarci come ristorante numero 1 a Lugano nella classifica di TripAdvisor.

Ristoranti siti sulle autostrade

In questo tipo di locale troviamo situazioni leggermente diverse dalle precedenti. Sono luoghi normalmente isolati dalla concorrenza, siti nelle aree di sosta per i conducenti, su strade convenzionali, autostrade o superstrade in cui il cliente si ferma più che altro per necessità. Vediamo quali sono i fattori da considerare per questo tipo di locale.

Prezzi

È probabile che il cliente possa ripetere la visita presso la nostra sede, sia perché si trova su un percorso che normalmente fa il fine settimana, o durante i periodi di vacanza, sia perché si trova sul consueto tragitto per andare al lavoro. Anche se non dobbiamo essere molto aggressivi con il prezzo, è vero che dovremmo essere competitivi poiché, sebbene la prima visita del cliente e quindi primo acquisto siano assicurati, se il cliente non si trova a suo agio, corriamo il rischio di non vederlo più.

Arredamento e atmosfera

L'illuminazione è importante. Pensa che uno degli scopi del cliente-autista è fermarsi per poter riposare da un lungo viaggio. Colori non molto aggressivi, ampiezza del locale, arredamento confortevole. Tutti fattori da considerare.

Pensa anche che, se lo spazio disponibile non è troppo, i mobili da utilizzare dovranno essere progettati per l'alto turnover dei clienti, ovvero per cercare di ottenere il maggior numero possibile di ospiti ogni giorno: sedie senza braccioli, o lo stesso seggiolone, tipo sgabello, distribuzione lineare di tavoli e sedie per poter sfruttare lo spazio esistente ecc. Opzioni con le quali raggiungiamo una distribuzione efficiente degli spazi e il maggior numero possibile di clienti.

Processo di elaborazione dei prodotti

Il menu che proporremo sarà progettato per facilitare un processo di elaborazione dei prodotti abbastanza veloce. La normale sosta del nostro viaggiatore di solito non supera l'ora. Se offriamo un menu tipo snack, o fast food, in cui prevale il fritto, o qualcosa di più simile a panini, pizze, focacce o prodotti di assemblaggio (insalate miste o simili), la velocità del servizio sarà più facile da ottenere.

Normalmente non si offre il servizio in sala, dal momento che il cliente preleva il prodotto direttamente al banco, o al buffet, utilizzando un vassoio o qualcosa di simile, in modo che possa svolgersi liberamente. Dovremo anche predisporre delle aree, nella sala, per aiutare il cliente a depositare il vassoio una volta terminato e avere automaticamente i tavoli più ordinati e puliti.

Un'altra possibilità è il servizio a buffet con self-service da parte del cliente, in cui è possibile comporre liberamente dei menu e, una volta selezionati tutti i prodotti, pagare liberamente alla cassa. In questo tipo di modello è consigliabile preparare determinati prodotti in Show Cooking (ad esempio carne, pesce oppure pasta/riso/etnico) per poter offrire un prodotto preparato al momento e di fronte al nostro cliente.

In entrambi i modelli, e con il fine di aumentare la spesa media dei nostri clienti, le promozioni tipo "combo" sono molto consigliate, e ci permettono di vendere diversi prodotti nel loro insieme a un prezzo più interessante rispetto a se li vendessimo separatamente. Oggi, le grandi catene di fast food, come McDonald's, Burger King o Starbucks, stanno aprendo questo tipo di locali nelle aree stradali, e non solo nelle aree turistiche o urbane di grande traffico come fatto finora.

Regime completo, tutti i servizi a disposizione

Gli orari di apertura di questo tipo di locale sono normalmente continui, senza chiusura, aperti anche di notte. Colazione, pranzo, merenda, cena e prodotti che possono essere venduti in qualsiasi momento come pasticcini, panini, pizza al trancio, snack d'impulso (cioccolatini, caramelle), prodotti che certamente troveremo in queste attività.

Autogrill

Una di quelle aziende che ci vengono in mente pensando a questo tipo di concept è Autogrill. Autogrill è una catena di ristoranti con vendita di articoli al dettaglio e kiosk, presente in 31 paesi, e che gestisce circa 4.000 punti vendita. Offre tutti i tipi di prodotti per ogni regime: dalla colazione alla cena, dolci e salati, ovviamente il caffè, snack, servizio tipo buffet, con menu, combinazioni e offerte molto interessanti. Oltre ai servizi di ristorazione, vende prodotti tipo take away o già confezionati di alta qualità (vini, olio EVO, pasta, salumi ecc.) o articoli totalmente diversi come giocattoli, accessori, prodotti "convenience", prodotti di elettronica e così via.

Bene, una cosa interessante che ha attirato la mia attenzione è il fatto che il cliente che entra in un Autogrill è quasi "costretto" a visualizzare tutti i prodotti esistenti. Rispetta un modello di distribuzione dei prodotti simile a Ikea, dove si segue un corridoio con degli scaffali su cui i prodotti sono esposti seguendo una chiara strategia di placement. Quindi, il cliente di un Autogrill, per poter uscire, dovrà fare il giro dell'intero negozio visualizzando tutti i prodotti.

Mercato di città

Parliamo del sogno di avere un bar o un ristorante nelle aree urbane con un buon giro di clienti. A livello operativo, sarà molto simile ai locali di tipo turistico, ma in questo caso introdurremo un concetto importante: la fidelizzazione. In questo tipo di attività è molto importante essere in grado di fidelizzare i clienti facendo in modo che, attraverso un buon servizio e un prodotto con buon "punch", ci possano visitare nuovamente. Parliamo di una caffetteria, di uno snack (tradizionale o etnico), di un fast food o di un ristorante gourmet.

Il cliente che avremo può essere habitué (cercheremo di fargli ripetere la visita e persino di farlo diventare un amico fedele del nostro marchio) o di passaggio (fa un'unica visita al nostro locale). Essere in grado di lavorare con un prodotto diverso da quello della concorrenza, o elaborato in un modo più originale, creare un'ambientazione unica sia per mobili, l'illuminazione o altri elementi decorativi, sia perché il nostro servizio è così professionale da diventare la nostra arma principale, sono tutti fattori importanti da considerare.

In questo tipo di attività, l'effetto "wow" (effetto sorpresa o superamento delle aspettative del cliente) viene ricercato in modo più chiaro (ciò non significa che negli altri concept non bisogna cercarlo).

Nella ristorazione di città possiamo trovare proposte come il combo (per colazione, pranzo o cena, ad esempio caffè, succo e toast a un certo prezzo), il business lunch (menu del pranzo progettato per essere consumato in massimo un'ora e composto da non più di due piatti, dolce e bibita) oppure il menu degustazione per cena.

Oggi, nell'attuale gastronomia, gli orari che intercorrono tra i diversi pasti sono diventati oggetto di diverse offerte: lo "spuntino" prima di pranzo o di cena, ad esempio, oltre a creare una buona atmosfera nei nostri locali, può darci una buona cifra di vendita che, di conseguenza, aiuterà il nostro risultato.

È necessario disporre di una carta dei vini ampia e con buoni rendimenti, diversi tipi di birra, un ampio e completo menu di cocktail, così come di "buoni compagni" per queste bibite (tapas, affettati, formaggi, finger food, stuzzichini).

3. LA CONCORRENZA E IL BENCHMARKING: COS'È E PER COSA È UTILE

Magari abbiamo una buona idea imprenditoriale, siamo abili nello sviluppo del concept che vogliamo implementare e siamo molto chiari sugli scopi della nostra nuova attività, ma potrebbe ancora non funzionare. Uno dei motivi più importanti da considerare è l'analisi della concorrenza.

Immagina di aprire un ristorante con un unico prodotto, molto attuale, sano, fresco e con una buona accettazione sul mercato, come ad esempio il pokè. Possiamo credere di essere degli esperti nell'elaborazione di questo prodotto, contiamo con un buono staff e abbiamo creato un bel locale. Allora, quale potrebbe essere il problema?

Può darsi che ci troviamo in un mercato altamente turistico e che nella stessa area ci siano già due posti simili, oppure non percepiamo che si tratta di un prodotto che va di moda, un trend che durerà solo un tempo limitato.

In questi casi, spesso si inizia una battaglia sui prezzi ma, ovviamente, io penso di essere il migliore con questo prodotto, ho il locale più bello e offro un servizio ottimale. Quindi perché non divento il "place to be"?

I motivi possono essere diversi: forse una maggiore capacità finanziaria della concorrenza che la aiuta a resistere a risultati negativi temporanei e che, invece, nel mio caso non ho calcolato bene, sia nel periodo iniziale, in cui principalmente è il momento di pagare (non calcolare la soglia di redditività o il break even point), sia per attuare una migliore azione sui prezzi; oppure la concorrenza dispone di una location migliore che permette di catturare nuovi clienti, ad esempio perché si trova vicino a un punto con un'alta concentrazione di persone; magari la concorrenza ha una migliore comunicazione, o fa parte di una catena che il cliente già conosce e che gli permette di promuovere simultaneamente tutti i punti vendita, per motivo che esista un tipo di cliente con un'alta sensibilità al prezzo...

Bene, questo è un caso vero che ho potuto verificare nell'estate del 2019 a Ibiza: sulla stessa strada, c'erano tre negozi che offrivano lo stesso prodotto, il pokè, due dei quali lo avevano come unico prodotto in vendita. Uno dei tre non è sopravvissuto a questa lotta, e non perché il suo prodotto non fosse il migliore. Gli altri due avevano semplicemente iniziato a operare prima in quella zona, erano più interessanti a livello di prezzo e utilizzavano una migliore strategia commerciale.

Magari aprendo questo locale in un'area diversa (avendo fatto un'analisi previa di mercato), offrendo un altro prodotto sostitutivo e non lavorando con un prodotto in esclusiva, per essere quindi in grado di diversificare ulteriormente l'offerta, oppure lavorando con servizi tipo take away, o semplicemente conducendo un'analisi preventiva della concorrenza che avrebbe permesso di essere ugualmente attraenti commercialmente, le cose sarebbero andate diversamente.

È importante guardare cosa ci circonda. Quanti locali simili (ristoranti) esistono nella mia zona? Qual è il loro concept? Che tipo di prodotto e servizio offrono? Quali sono i loro prezzi? E i loro mezzi di promozione? Da quanto tempo operano sul mercato?

Ci sono diverse domande che possiamo porci sulla concorrenza, dalle quali possiamo trarre diverse conclusioni ed essere in grado di decidere meglio il tipo di strategia da seguire.

Ricorda che l'analisi della concorrenza è uno dei punti più importanti quando si tratta della pianificazione iniziale della nostra attività. Un altro punto da considerare è il benchmarking.

Benchmarking

Potrebbe essere definito in molti modi, personalmente mi piace dire che è qualcosa che richiama il concetto di "imparare dai migliori". A meno che tu non abbia avuto l'idea del secolo, oppure abbia qualcosa di esclusivo a cui nessuno ha mai pensato prima, ci sarà sempre qualcuno che ha già fatto qualcosa di simile alla tua idea.

È positivo trovare i migliori riferimenti del nostro modello di business, studiarli, imparare cosa fanno bene e, soprattutto, capire come fanno a vendere il prodotto. Viaggiare aiuta molto a "raccogliere" il maggior numero di idee, di input che ci aiuteranno a elaborare il nostro concept.

Se ad esempio vogliamo aprire una caffetteria che offre prodotti da colazione, prodotti tipo snack (panini, pizza), bibite e aperitivi, andremo a vedere chi fa già qualcosa di simile. Locali di questo tipo si trovano, ad esempio, nella "capitale" dell'aperitivo, Milano, e in altre città come Londra, Parigi, Berlino, Madrid, Barcellona. Sono tutti mercati in cui puoi trovare grande ispirazione per il tuo ristorante. Come funziona l'ambiente, che tipo di illuminazione e di mobili usano, com'è organizzato il servizio e così via.

Diamo un'occhiata alle importanti catene di ristorazione che rendono l'eccellenza del processo. Potranno essere criticate da qualcuno, o magari il loro prodotto non piacerà a tutti, ma marchi come Starbucks hanno reso il loro modello di business un vero successo in tutto il mondo. Possiamo imparare delle loro strategie che possono essere utili anche per il nostro mercato.

Il cliente e il modello di business. L'obiettivo di essere unico: "La ricerca della nicchia di mercato"

La nicchia magari ti è stata spiegata come quella parte del mercato in cui possiamo trovare una zona di esclusività, essere esclusivi con il nostro prodotto, avere il pezzo di torta che nessun altro concorrente ha. Sembra facile e perfetto, giusto? Ma posizionare il nostro prodotto su uno specifico mercato di nicchia è qualcosa che dovremo guadagnarci lavorando sodo, e non sarà così facile.

Potremmo pensare che a oggi tutti i mercati siano crollati, ma questa stessa situazione è accaduta anche in tempi passati di grande sviluppo economico. C'è sempre una quota di mercato (di clienti) disposta a cambiare le proprie abitudini, provare qualcosa di nuovo, qualcosa di rivoluzionario e di diverso. È lì che dobbiamo andare!

Per trovare la nostra "nicchia", dobbiamo conoscere bene il mercato nel quale ci troviamo, attraverso una previa analisi della concorrenza, porre tutte le domande precedentemente asserite e trovare la risposta differente che nessuno ha dato.

A seconda del mercato, questa quota o nicchia può essere

abbastanza ampia da soddisfare le nostre premesse economiche e, soprattutto, da rafforzare un modello di business unico, modello che ci permetterà di avere nel tempo un grosso vantaggio rispetto ai nostri competitor.

Capitolo 2:
Il prodotto

1. PRODOTTI ATTUALI

Spesso, quando inizi un corso di vendita o qualcosa di simile, senti dire: «Il venditore di automobili deve conoscere le automobili, deve conoscere bene il prodotto che vende e saper rispondere a tutte le domande dei clienti». Questo esempio è primario e dovrebbe sempre essere applicato alla gastronomia.

Viviamo in un'era di grande diversità in termini di gusti e tendenze nella gastronomia. Cucine che vanno dalle ricette rigorosamente vegane alle Grill House, dove la carne è la protagonista del menu. La gastronomia è un argomento molto d'attualità (e giustamente), un argomento nell'ambito del quale ognuno dei nostri potenziali clienti, in misura maggiore o minore, è ben informato sul prodotto. Per tutti questi motivi, il minimo che possiamo fare è mostrare rispetto e professionalità.

Il professionista della gastronomia ha una grande responsabilità: creare, servire e curare un prodotto che andrà direttamente nell'organismo dei clienti. È importante dedicarsi a fare ciò che si sa fare meglio, pertanto, se il tuo obiettivo è solo il business e non hai alcuna conoscenza di cucina, assumi chi sa come farlo.

Riesci a immaginare un cliente allergico o intollerante a un determinato ingrediente a cui viene servita una pietanza che contiene un elemento che può danneggiare il suo organismo? Puoi già farti un'idea di quanto devi essere meticoloso nel preparare un piatto. Ma non avere paura, fortunatamente nel mondo della gastronomia ci sono grandi professionisti, siano essi formatori, collaboratori oppure nostri fornitori (a me piace chiamarli partner). Nel caso in cui tu non sia un esperto, ti daranno soluzioni per evitare questo tipo di situazioni.

Alla fine ci saranno diversi tipi di cucina, di prodotti e di menu da offrire, ognuno fatto diversamente, fatto col cuore. L'importante è fare ciò che sappiamo fare e che conosciamo bene, usando i prodotti che ci sentiamo sicuri di offrire.

2. TIPI DI PRODOTTI/SERVIZI ATTUALI

La colazione

In alcuni punti vendita (ad esempio caffetterie) può diventare il "core business" o l'attività principale, a livello sia operativo sia di fatturato. Oggi un gran numero di persone fa colazione fuori casa e anche chi la prepara a casa può fare colazione una seconda volta o bere un caffè nel proprio locale preferito.

In questo tipo di servizio, è evidente che la qualità del prodotto sarà importante (un buon pane, un buon cornetto, una buona brioche, un buon dolce, un buon caffè), ma la parte interessante, e l'obiettivo, sarebbe raggiungere l'efficienza nel servizio e nel processo. Normalmente i prodotti venduti a colazione hanno prezzi relativamente bassi rispetto agli altri, con un ottimo margine in percentuale e una preparazione e un servizio molto veloci.

Possiamo ad esempio pensare al caffè. Normalmente un caffè espresso contiene una dose di circa 7 grammi, 8 al massimo, di caffè, ma ne vengono addirittura utilizzati fino a 15 grammi a seconda del tipo di caffè e del mercato in cui viene realizzato. Se ad esempio acquistiamo un chilo di caffè a, diciamo, 10 euro, e un chilo contiene 1.000 grammi, da un chilo di caffè otterremo circa 142 unità di caffè espresso, il che ci dà un costo da 7 a 15 centesimi per caffè. A questo costo dovremo aggiungere una perdita di caffè (scarto) di circa il 10%, oltre al costo del barista che lo prepara (per quanto riguarda il materiale come tazzine o piattini, a seconda del volume di acquisto, il nostro fornitore potrebbe darcele in uso).

Supponiamo quindi che il nostro caffè ci costi circa 20 o 25 centesimi di euro (rimanendo larghi nel calcolo...) e lo vendiamo a 1 euro o 1,50 euro. Ciò ci dà un margine da 0,75 a 1,25 euro, cioè un margine dal 75% all'85%, un margine elevato in termini percentuali, ma non tanto in termini monetari complessivi. Tuttavia è un prodotto essenziale nella gastronomia, che contribuisce in parte al risultato, ma soprattutto un "must", un prodotto d'obbligo e quasi di necessità.

Il segreto della colazione (a livello di redditività) potrebbe trovarsi nella standardizzazione del servizio. Ad esempio gli stessi prodotti "pronti da servire" (che non necessitano di un processo d'elaborazione e che sono stati realizzati precedentemente in modo da poter essere venduti al momento dell'acquisto) come brioche, croissant, prodotti di pasticceria, oppure i panini, le bevande veloci nel servizio, come caffè, tè o infusioni.

Nel caso dovessimo includere prodotti con bisogno di cottura, sarà perché avremo individuato davvero un'alta possibilità di vendita, oppure perché l'addetto in cucina potrà aiutare a riposizionare tutto il prodotto del bar (pasticceria, preparazione di dolci, preparazione di snack ecc.). Dobbiamo cercare un'alta efficienza dello staff, riducendo i tempi morti.

Esempio di servizio efficiente

Ricordo, in una delle mie visite a Milano (città che amo con tutto il cuore), durante il periodo in cui studiavo per ottenere il certificato di "Coffee Master", l'efficacia e la buona organizzazione del servizio di un bar alla Stazione Centrale. Il bar era composto da un bancone e dei tavoli alti, senza sgabelli, in sala, due vetrine con prodotti come brioches, panini e altri tipi di pasticcini, due casse e tre macchine da caffè con 3 gruppi ciascuna.

In ogni macchina da caffè, una persona preparava tutti i tipi di caffè richiesti, le altre due persone, ognuna a una cassa, procedevano col servizio al banco e incassavano i pagamenti. Passavano l'ordine ai baristi e poi loro stessi li consegnavano a ogni cliente insieme al cornetto, la brioche o il panino richiesto. In cucina avevano una sesta persona che faceva il lavapiatti e riforniva le vetrine con i prodotti che via via venivano venduti.

Per curiosità ho iniziato a contare quanti caffè preparassero al minuto con una delle macchine. Contai circa 12 caffè al minuto (magari 10, perché ogni tanto la richiesta era di un cappuccino o di un caffellatte, per i quali i tempi d'elaborazione sono un po' più lunghi) a 1,50 euro a caffè, moltiplicati per 3 macchine (per un totale di 30 caffè al minuto) e circa 2 ore di intenso servizio: risultava un totale di oltre 3.000 caffè durante una mattinata. Se aggiungiamo la vendita di pasticceria (supponiamo una spesa media in pasticceria di 1 euro per cliente) il risultato è di circa 5.000 euro al giorno.

Nel caso in cui lo stipendio medio di un barista fosse pari a circa 100 o 120 euro al giorno, contributi compresi, per un totale di 6 persone (supponiamo che il costo giornaliero del personale fosse 600 euro), costo delle bevande del 15% e costo del cibo di 20%, avremmo circa 1.750 euro di spesa sui nostri presunti 5.000 di reddito.

Tutto ciò ci darebbe circa 2.650 euro di profitto senza tasse, cioè (ipotizzando che sia aperto tutti i giorni) circa 80.000 euro al mese. A quella cifra dovremo poi sottrarre, alla fine di ogni mese, le tasse, l'ammortamento, l'elettricità, l'acqua, l'eventuale affitto e altre spese.

È chiaro che questo è un esempio estremo di efficienza, ma se qualcuno è riuscito ad avere questo successo, perché non puoi farlo anche tu?

Il brunch

Il termine brunch è nato negli Stati Uniti, intorno agli anni '80, come tradizione domenicale, ed è un incrocio tra le parole *breakfast* e *lunch*. È un pasto consistente composto da tutti i prodotti di una colazione completa, oltre ad insalate e antipasti freddi di vario tipo, alcuni piatti caldi e salati. Si potrebbero includerne anche alcuni primi.

Oggi sono molti i locali che lo offrono, in particolare gli hotel di città, alcuni divenuti molto popolari in città come Milano o Madrid. Per questo tipo di servizio, essendo tipo self-service, abbiamo il vantaggio che il personale richiesto sarà minore rispetto, ad esempio, a un tipo di servizio ai tavoli: basterebbe il servizio bevande, il servizio cucina e un buffet man, ossia una persona che rifornisce i prodotti del buffet e si incarica della presentazione.

Al contrario, dovremo stare attenti al food cost finale, poiché, se non abbiamo un volume minimo di clienti, avremo un problema di perdite elevate. La rotazione del prodotto e la gestione dello scarto avranni un ruolo chiave e la figura del buffet man sarà essenziale, poiché, oltre a lavorare sull'estetica e la presentazione, e a raccogliere feedback dai nostri clienti, coordinerà con la cucina le quantità da preparare, prelevare o rifornire se necessario

L'aperitivo

Affinché il nostro conto operativo del mese si veda "meglio", dovremo combattere e molto, soprattutto all'inizio dell'attività per cercare di evitare i cosiddetti "periodi fermi", cioè quei periodi in cui non riceviamo un gran numero di clienti e, di conseguenza, non siamo efficienti o produttivi, soprattutto a livello monetario.

Molti dicono che i tempi morti a volte sono positivi per l'attività, poiché si può cogliere l'occasione per svolgere altri compiti amministrativi e di gestione che non si riescono a ottemperare durante la normale operatività. Sono d'accordo per metà, poiché personalmente penso che questi tempi morti non dovrebbero mai essere visti come qualcosa di positivo e di cui accontentarsi, ma bisognerebbe invece cercare di colmare queste lacune con offerte o servizi per rendere efficace ogni ora di apertura del nostro esercizio. Nel caso non sia così, a volte durante quel periodo è conveniente chiudere per potersi concentrare su quegli altri compiti amministrativi o gestionali, oppure delegarli a chi di competenza.

Continuando con questa argomentazione, e unendola a una tendenza attuale che ci parla di un maggior numero di pasti durante il giorno, possiamo pensare agli snack come un complemento. Molte diete ci dicono di non concentrare un gran numero di calorie in un singolo pasto e ci consigliano di dividerle in un numero maggiore di pasti durante la giornata. Tutto questo, insieme al fatto che attualmente i punti gastronomici diventano location nelle quali organizzare incontri o riunioni, un prodotto snack può diventare una buona opportunità di business.

Nei paesi con un clima più estivo e con più ore di sole durante la giornata, l'usanza gastronomica si sta adattando a circa 6 pasti a giornata: colazione, pre-pranzo, pranzo, merenda, aperitivo e cena. Durante la merenda mattutina o serale, possiamo offrire qualche tipo di birra leggera o vino (fermo o frizzante) o persino del vino speciale (un buon Marsala, ad esempio). Offrire qualcosa che preveda servizio e preparazione rapidi, da un morso, qualcosa tipo finger food. Spiedini, tapas, bruschette, tartine, affettati, formaggi... tutti questi prodotti potrebbero funzionare alla grande.

Dobbiamo tenere in considerazione due punti:

- Prodotti come finger food, tapas o aperitivi devono essere serviti in buffet, meglio se self-service (al massimo si può offrire una degustazione sul tavolo in un piatto o su piccolo vassoio quando si consuma la bevanda). Questo ci consentirà di essere più efficienti con il personale e di concentrarci sul vero business degli snack: la vendita di bevande.

- Fidelizzare e far rimanere il cliente nel nostro locale, in modo che non sia solo il cliente di questo pre-pasto, ma che rimanga per il pranzo o la cena, servizi con i quali otterremo un margine maggiore in termini quantitativi.

In alcuni mercati, come la Spagna o la nostra Italia, questa cultura è molto diffusa, con premesse esclusive per questo tipo di prodotto. Taperías o pintxos in Spagna, con quella gran esposizione di piccole degustazioni al banco a un prezzo interessante, oppure i locali nel Nord Italia, dove poter consumare un calice di Prosecco o un buon cocktail, che poi ci "concede" il diritto di gustare un fantastico buffet di snack, affettati, ricette fredde, insalate o formaggi (eccezionale ad esempio a Milano o a Genova).

Il margine di profitto sul food dell'aperitivo (lo spiedino, la tapa o la degustazione di antipasti) è basso, talvolta addirittura nullo, a meno che non si parli di un luogo dedicato esclusivamente a questo tipo di servizio, come taperías o vendita di fingers/spiedini. Normalmente questo prodotto viene offerto una volta acquistato il drink. Il vero margine sarà raggiunto con la vendita della bevanda e con un'eventuale successiva cena, o pranzo.

Il pranzo

Parleremo di 3 tipi di servizi per il pranzo:

- Menu tipo à la carte.

- Menu del giorno.
- Menu snack.

Menu tipo "à la carte"

Quando lavoriamo con un menu per un ristorante gourmet e dobbiamo selezionare una quantità o un numero di piatti da offrire, tutto dipenderà dal tipo di cucina che abbiamo, dallo staff (qualità e quantità), dal livello e dal prezzo dei nostri prodotti e tanti altri fattori.

Ciò che è chiaro è che, com'è naturale, a pranzo il menu è di solito più limitato (a meno che non sia un ristorante che funziona meglio a pranzo rispetto alla cena). Si riduce la carta. Come numero medio standard, o molto generale, di pietanze, in un locale gourmet di un certo livello di solito non vengono superati i 25-30 piatti (dessert inclusi).

Ricordiamo che di norma, con le dovute eccezioni, più alti sono il livello e la qualità della nostra carta, minore è il margine di profitto, poiché abbiamo bisogno di più persone per eseguire il servizio corretto, una maggiore specializzazione del personale (cioè un salario più elevato) e il costo dei nostri ingredienti sarà più alto in quanto sono freschi e di qualità superiore. Normalmente avremo uno stock abbastanza più elevato per le bevande (vini). Dovremo essere molto efficienti nell'elaborazione del nostro menu à la carte.

Menu del giorno

Normalmente utilizzato come complemento a un altro menu "à la carte" o menu snack, o carta ridotta. Di solito è composto da 1 o 2 piatti più dessert. A volte può includere acqua/vino, caffè o pane. Generalmente ha un prezzo più economico rispetto a quello della somma dei singoli prodotti.

L'obiettivo è quello di raggiungere un numero elevato di commensali, oltre a un ritorno extra vendendo qualche bibita o piatto della normale carta. Elaborare bene i costi del menu e stabilire il margine desiderato sarà importante a medio termine, se vogliamo avere una certa continuità.

È sempre consigliabile calcolare il food cost di ciascun menu, nonché il break even point (soglia di redditività) o il numero minimo di menu che dobbiamo vendere, in modo da sapere a partire da quale numero si inizierà ad avere un profitto. Ma questo lo vedremo più avanti.

Questo tipo di servizio è ideale in zone con un'alta concentrazione di aziende e uffici, zone industriali, zone turistiche con elevato agglomerato di concorrenza con altri locali (soprattutto in bassa stagione), mense vicine a scuole, ospedali o simili, oppure aziende con un alto numero di lavoratori che abbiano un ristorante all'interno.

Menu snack

Composto da prodotti con un processo di elaborazione più semplice e veloce. Ideale per locali con minore disponibilità di collaboratori oppure per zone con elevato accumulo di persone alla ricerca di un prodotto a basso costo e veloce da consumare.

Migros Degustibus

Durante il mio periodo in Svizzera, ho avuto la fortuna di collaborare come Food & Beverage Manager per la Cooperativa Migros Ticino. Migros è il più grande gruppo di vendita retail in Svizzera, essendo una cooperativa di clienti. Un vero esempio da studiare e una meravigliosa azienda con politiche molto positive per i suoi collaboratori. Contava con supermercati, stazioni di servizio, scuole, palestre, ristoranti e bar. In Ticino avevamo in gestione una sezione con servizi di catering ed eventi (Party Service), un totale di 4 ristoranti a buffet, con una media di 300-700 clienti per ogni servizio pranzo, e circa 9 locali con un menu snack veloce, con prodotti di qualità con una forte enfasi sul take away.

Un'ampia e completa selezione di panini, diverse e succulente insalate, pizza intera o al taglio, pasticceria con laboratorio centrale proprio... i nostri clienti hanno sempre trovato un prodotto fresco, buono, a buon prezzo e pronto all'istante. Il prodotto veniva preparato al mattino nella cucina di ogni punto vendita. Altri venivano preparati da una cucina centrale e altri ancora al momento. Erano esposti nelle diverse vetrine per poterli offrire sempre freschi ai clienti fedeli. Era lo stesso cassiere, o addetto alla vendita, a preparare la pietanza (riscaldare il panino o la pizza) al momento.

La cena

Per il servizio cena, e per non ripetere i criteri già spiegati per il pranzo, oltre al menu "à la carte", parleremo del menu degustazione.

Menu degustazione

È una rappresentazione dell'intero menu (o della sua parte più rappresentativa) con un certo numero di pietanze a un prezzo stabilito. Possiamo parlare di uno o due piatti più dessert, di un totale di 8 o 9 ricette o, talvolta, anche di più. Ad esempio, nel famoso ristorante tre stelle Michelin del geniale Ferrán Adriá, è stato servito un menu degustazione composto da 30 ricette con 70 elaborazioni, un'esperienza autentica che sono riuscito a fare!

A seconda del livello del prodotto e del servizio, nonché dell'idea dello chef, verrà deciso il numero di pietanze, ma non si tratta di piatti con quantità simili a quelle delle ricette di un menu normale. Essendo degustazioni, le dimensioni sono inferiori (ad esempio metà porzione), sebbene la presentazione del piatto sia simile a quella del nostro menu.

Il menu degustazione può diventare il prodotto stella del ristorante, con il più alto volume di vendite sul totale, e persino essere unico nell'offerta, ovvero, si può offrire solo il menu degustazione e non quello "à la carte".

Schuhbecks am Platz

Era il 2004 e lavoravo come Chef de Rang per il famoso ristorante dello chef Alfons Schuhbecks, un ristorante, una stella Michelin, a Monaco di Baviera (Germania). Il menu degustazione offerto era di 9 portate. Con un saluto iniziale di cucina, era composto da 2 antipasti, 2 primi, zuppa, pesce, carne, formaggi e dessert. Il nostro sommelier offriva diversi vini in abbinamento a ciascuno dei piatti.

Capitolo 3:
Le diverse tipologie di attività

1. BAR E FAST FOOD

Bar e simili

A seconda del tipo di servizio e prodotto, possiamo parlare di snack bar, paninoteca, yogurteria, pasticceria, gelateria, tapería, pub, birreria, caffetteria, wine bar. Hanno tutti un punto in comune: il tipo di processo seguito, con un punto di partenza come un bar o un bancone e con un eventuale servizio successivo in sala.

Un concetto molto attuale è quello del prodotto combinato, in cui la vendita del prodotto puramente gastronomico è coordinata, nella stessa location, con un altro punto vendita totalmente diverso (parrucchiere, libreria, vendita di veicoli o motociclette, boutique di abbigliamento ecc.).

Deus Ex Machina

Un bell'esempio di questo mix di concetti è il Deus Ex Machina, un concept nato in Australia e con punti vendita in città emblematiche come Sydney, Milano, Ibiza, Amsterdam e Zurigo. Locali che, oltre ai servizi di bar e ristorante, offrono e vendono accessori, moda, abbigliamento, caschi da moto o biciclette. Tutti con un comune denominatore: motociclette, biciclette, surf e food. Un ottimo locale da visitare.

Di solito queste combinazioni di concetti cercano velocità e semplicità nel processo e nel servizio, offrendo prodotti preparati precedentemente o assemblaggi e utilizzando ingredienti di alta qualità. Il concept del locale è generalmente tematico a seconda del concetto iniziale, con un tipo di servizio standing o seating.

Salvo eccezioni, come locali a gestione familiare o luoghi con alta specializzazione e servizio (ad esempio, un cocktail bar o un'enoteca), il personale di solito è meno specializzato (come regola generale) e il servizio è contrassegnato dal processo standardizzato, che diventa quasi sistematico. La pianificazione di processi e procedure diventa un punto chiave in questo tipo di attività.

Enoteca, wine bar, cocktail bar

Le enoteche, i wine bar o i cocktail bar sono luoghi più specializzati, in cui viene offerta, al calice o in bottiglia, un'ampia varietà di bevande, prodotti da degustare che di solito non si trovano in altri tipi di locali. Il servizio deve essere altamente specializzato, poiché normalmente il cliente che frequenta questo tipo di locali conosce bene il prodotto e si aspetta qualcosa di diverso. Quando si tratta di cibo, di solito si offre qualche tipo di tapas o degustazioni, in abbinamento con le bevande offerte, con una preparazione molto rapida (un po' di affettato o formaggio, bruschette, finger food). L'atmosfera e il servizio di questo tipo di locali sono generalmente molto curati.

Per quanto riguarda lo snack bar e il fast food, la struttura dei costi è generalmente inferiore a quella di un posto specializzato o di un ristorante gourmet, almeno per la parte dei costi variabili: salario base inferiore, costo del prodotto meno elevato, minori investimenti in stock come risultato di una maggiore rotazione di prodotto e una minore varietà.

Al contrario, i costi fissi o di investimento potrebbero essere più elevati (ad esempio per tematizzare il nostro locale con decorazioni ed elementi ad alto costo). L'obiettivo, in questi bar, è concretizzare alte prestazioni, raggiungere una struttura solida e contenere i costi variabili (personale, merce, forniture ecc.), con prodotti che hanno un processo di elaborazione abbastanza semplice e veloce e con una vendita elevata in termini di quantità, ovvero elevato turnover di prodotto e clienti.

Concept Qiub Ibiza

Qiub è un concetto di snack bar esistente negli hotel The New Algarb e Jabeque Soul & Dreams a Ibiza, concept sviluppati cercando un alto profitto. Qiub offre un menu completo con diversi antipasti e insalate, panini e hamburger, fingers, pizze e dessert, oltre a tutti i tipi di bevande e cocktail. Tutti i prodotti sono standardizzati e analizzati a livello di food cost e d'introito.

Procedimento seguito per il resto dei prodotti dell'intera corporation (al fine di negoziare un miglior prezzo d'acquisto oltre ad avere un volume maggiore) e in cui, grazie a questa omogeneizzazione dei prodotti, e seguendo gli stessi standard di qualità in tutti i punti vendita, riusciamo ad avere una rendita maggiore.

Il servizio segue diverse procedure precedentemente comunicate al personale attraverso la formazione e il training, nelle quali lavoriamo tutta la parte "pre-iniziale" del servizio (mise un place, montaggio, opening, cash procedure), servizio operativo (servizio clienti, risposta in caso di reclamo o suggerimento, staff FTE a seconda del numero di clienti) e servizio "post" (chiusura, scatole, pulizia, controllo del personale, preparazione per il giorno successivo)

Fast food

Il fast food è un concetto nato negli Stati Uniti negli anni '50. Negli anni '70 la formula del fast food viene introdotta in mercati come quello inglese e, più lentamente, in altri come quello spagnolo, italiano e francese.

Il fast food viene normalmente identificato con prodotti come hamburger, pizza, pollo fritto o alcune specialità etniche, anche se, ovviamente, questi prodotti li possiamo anche trovare in altri tipi di gastronomia.

I fast food sono strutturati e progettati in base a un'organizzazione fortemente elaborata e standardizzata, con un'operazione che segue un certo tipo di procedura, e i margini di vendita e di rendimento sono piuttosto elevati. Utilizzano una selezione limitata di prodotti, normalmente congelati e precotti, di qualità controllata.

Generalmente il tipo di collaboratore è più giovane e con meno specializzazione e di solito svolge vari compiti: dalla cucina al servizio, alla pulizia dei locali. Uno staff completo a 360 gradi, in cui ogni membro deve conoscere perfettamente il funzionamento di tutte le fasi dell'attività.

Il tipo di cliente è generalmente vario. Una caratteristica comune a tutti i fast food è un prezzo di vendita abbastanza economico rispetto ad altri tipi di servizi di gastronomia (come norma generale). La tipizzazione del prodotto è generalmente molto elevata (ad esempio, il *Big Mac* di McDonald's è identico a Tokyo,

Madrid, Londra oppure a Milano e il processo di produzione è praticamente lo stesso).

La velocità del servizio e la disponibilità immediata del prodotto sono i suoi segnali di garanzia. Sebbene in alcuni di questi locali si eserciti il servizio al tavolo, di solito il cibo viene consegnato al banco, dove viene preparato il menu completo per il cliente, in modo che possa portarlo al tavolo da solo.

Con queste premesse, il principio di organizzazione è molto regolato per il menu offerto, per il processo di elaborazione del prodotto e per la quantità utilizzata di ogni ingrediente, controllati rigidamente. Hanno linee di lavoro ben definite, con uno scarto di prodotto particolarmente basso grazie agli standard applicati.

2. RISTORANTE TIPO GOURMET

Adesso immaginiamo il nostro ristorante elegante ideale, con un servizio molto professionale; chef de rang, commis de rang, sommelier, runners. Un noto chef ai fuochi, cucina spettacolare dotata delle più moderne tecnologie, una carta dei vini con oltre 300 etichette...

Suona bene, vero? Bene, non tutti questi tipi di ristoranti hanno bisogno di questa struttura. Potresti parlare di un ristorante con servizio ai tavoli, oppure con servizio ed elaborazione direttamente al tavolo. Con un servizio strutturato, un menu di circa 20-30 ricette, una lista dei vini che rappresenta un buon abbinamento ai nostri piatti. Tutto coordinato in modo diverso a livello di personale.

Per questo tipo di ristorante, come ho già detto in precedenza, avremo bisogno di un servizio con maggiore specializzazione e di prodotti freschi, di qualità, con un costo ovviamente più elevato. Quindi, anche se il prezzo di vendita è più alto, poiché non possiamo fornire un numero molto elevato di coperti, visto che dobbiamo mantenere gli standard di servizio, il margine sarà di conseguenza inferiore rispetto a quello di uno snack bar oppure di un fast food. Ci sono eccezioni, certo, ma qui parliamo della stragrande maggioranza.

Esistono pure modelli di alta gastronomia (alcuni ristoranti di grandi chef noti) che possono persino presentare perdite economiche. Immagina alcuni di questi ristoranti, con diverse stelle Michelin e circa 50 posti a sedere. A volte nello staff di cucina hanno più di 30 persone tra cuochi e altre figure (anche se, contrariamente a quanto pensiamo, a volte gli stipendi non sono così alti, poiché chi lavora in questo tipo di cucina cerca di imparare dai grandi maestri e non di diventare ricco, quindi c'è tanto lavoro svolto da stagisti).

Uno chef de rang per ogni 10 clienti, ogni chef de rang con uno o due commis, 3 runners ogni 8 o 10 tavoli, sommelier... tutto questo, ad esempio, con un ticket medio di 100 euro. Facciamo i conti? Difficile, vero?

In questi casi, a volte lo chef non cerca esclusivamente il vantaggio economico nel proprio ristorante, ma fama e riconoscimento, per ottenere introiti da altre fonti come pubblicità, eventi, libri, televisione, cessione della sua immagine ad altri marchi.

L'investimento in questi locali (normalmente decorati con i migliori materiali possibili) è piuttosto elevato, a volte è più elevato per la sala che per le attrezzature e i macchinari da cucina. Mobili, posate e stoviglie di servizio di alta qualità, attrezzature da cucina all'avanguardia, cucine che assomigliano in parte a laboratori, autentici luoghi di creazione. Anche l'investimento nella cantina sarà importante.

Un altro modello di alto riconoscimento e molto attuale è quello degli agriturismi, per via delle attività enogastronomiche organizzate e l'ospitalità offerta dai produttori agricoli, con un'offerta di prodotti per lo più provenienti dallo stesso produttore, o almeno locali, noti anche come "a chilometro zero". Oltre ai prodotti offerti dalla loro cantina o nel ristorante, di solito offrono prodotti per la vendita al dettaglio ma, soprattutto, li promuovono tra i loro clienti con l'obiettivo di raggiungere future relazioni commerciali via settore Horeca.

I ristoranti etnici sono un altro modello già consolidato nel mondo gastronomico di oggi, in particolare nelle grandi città o nelle più importanti località turistiche. Un ristorante etnico di una cultura specifica non solo offre la cucina di quel particolare paese o città, ma, attraverso il servizio, ci fa anche conoscere le sue tradizioni. Nel caso in cui vengano offerti due tipi di cucine etniche, parliamo di un ristorante di tipo "fusion".

I modelli più diffusi in Europa vanno dalle cucine etniche asiatiche (giapponese, cinese, thailandese, vietnamita, indiana) a quelle di origine marocchina, libanese, brasiliana, messicana, peruviana, argentina. Ogni paese con la sua cultura culinaria.

Comunicare: farsi conoscere

Website

Elemento basilare all'inizio della nostra attività. Oggi, un cliente su due visualizza il sito web di un ristorante prima di prenotare un tavolo. Il sito è l'input digitale per la tua attività e, se non sei pronto, il cliente potrebbe avere un primo impatto negativo che nella maggior parte dei casi potrebbe portare a non venire nemmeno a trovarti.

È importante che sul nostro sito web compaiano dati relativi al nostro ristorante, come l'orario di apertura, l'indirizzo (con collegamento diretto a Google Maps), i contatti (telefono ed email) e, se possibile, che sia possibile effettuare prenotazioni online, poiché aiuterebbe a far vedere la disponibilità in maniera immediata.

Avere un link diretto dalla nostra pagina social, ad esempio a TripAdvisor, può essere un potenziale per aumentare i commenti da parte dei clienti e, di conseguenza, migliorare la nostra reputazione online, facendo in modo che le opinioni dei clienti sui nostri ristoranti si possano visualizzare. Idem per le recensioni di Google. Includi le icone di quei social network sui quali vuoi concentrarti ed essere più attivo.

In questo tipo di reti è importante gestire i commenti dei clienti, non limitandosi ad attendere la recensione positiva; la parte più strategica è sapere come gestire quelli più negativi facendo vedere al cliente, o a chi lo legge, che anche la critica non positiva è stata trattata specificamente e che verrà utilizzata per un futuro miglioramento della gestione, oppure rispondendo con delle spiegazioni chiare nel caso si trattasse di un errore di percezione da parte del cliente.

Menu e foto dei nostri migliori piatti sono il più efficace biglietto da visita. Devi poi raccontare l'esperienza che si può vivere nel tuo ristorante, quale concetto segui e perché le persone devono venire a mangiare da te. Aumentare le aspettative e far vedere che si tratta di una vera *experience*. Anche essere in grado di costruire un buon "database" dei tuoi clienti, in modo da poterli contattare tramite la newsletter o altri mezzi, è importante. Questo ti aiuterà infatti a invitarli agli eventi, a offrire loro sconti, a informarli su nuovi prodotti o altre azioni.

La tua pagina deve essere "responsive", ovvero essere fruibile indipendentemente dal dispositivo dal quale viene consultata (smartphone, tablet, computer). È necessario selezionare bene video e foto e regolarli in modo che il tempo di caricamento sia il più breve possibile.

Luca Monfrecola, web designer
«Puoi essere il migliore di tutti, ma se non lo comunichi non si

saprà mai». Luca Monfrecola è un esperto di marketing e comunicazione, specializzato in web design e marketing digitale. Ha più di dieci anni di esperienza nel settore. Inizia molto presto come IT hardware/software e capisce fin dall'inizio che la tecnologia dell'informazione sarà lo strumento essenziale del futuro, con il quale comunicare e trasmettere messaggi in modo rapido ed efficace, senza limiti.

Il cambiamento decisivo col quale si lancia ad affrontare il suo futuro professionale è dato dall'impatto di Internet sul business; realizza immediatamente il potenziale dello stesso e decide di formarsi per rispondere a questo punto.

Crea diversi siti web ufficiali: Swiss National Casinos (un portale dedicato alla città di Lugano e ai suoi eventi), società di taxi del Ticino, studio legale a Milano, pagina ufficiale di "8e20" e molti altri progetti, come ad esempio il sito ufficiale www.jct360.eu del sottoscritto.

Ha fondato BetLeague.eu, una startup gratuita di calcio basata sulle sfide tra i diversi scommettitori. Tutte le pagine web sono costruite seguendo una serie di tecniche essenziali che devono essere prese in considerazione, come, ad esempio:

- *Velocità di caricamento.*

- *Adattare il sito automaticamente, in base al dispositivo utilizzato dal visitatore (responsive): smartphone, tablet, computer ecc.*

- *Utilizzare un codice di programmazione "pulito" e focalizzato sull'attrazione degli "spider" di Google.*

- *Immagini e foto professionali (ed emotive).*

Tutto ciò progettato per raggiungere l'obiettivo principale: aumentare la visualizzazione e l'impatto su Internet della nostra azienda attraverso la vendita e aumentare il proprio database di contatti attraverso moduli specifici in cui l'utente dovrà inserire i propri recapiti (e-mail, telefono ecc.), È anche utile configurare ed espandere qualsiasi sistema tipo CRM (Customer Relationship Management).

Come mi disse Luca una volta: «Immaginiamo che devi vendere due cesti di mele identiche tra loro. Nel primo cesto puoi leggere "1 mela = 1 euro", nel secondo invece "mela rossa, selezionata tra le migliori, sane, gustose e genuine = 1 euro". Quale compreresti? Il messaggio è diverso sebbene siano due mele identiche». Questo si chiama "valore percepito" ed è importante quanto il valore reale. Se sei bravo in qualcosa, ma nessuno lo percepisce, a volte è come se non lo fossi, dal momento che non sai come comunicarlo. Ti sei appena reso conto di avere un problema nella tua azienda che dovrà essere risolto.

Social network

I social network sono una variabile davvero strategica. Devi essere molto attivo sulla rete. Devi sapere come promuovere e pubblicare tutte le opinioni positive che hanno su di te e poi, soprattutto, gestire in maniera efficiente le opinioni negative.

Ricorda che un cliente che ha un ricordo positivo della sua visita al tuo ristorante potrà tornare o parlare bene del tuo punto vendita e portare nuovi clienti in futuro, ma un cliente che ha avuto un'esperienza negativa ne parlerà sicuramente agli altri e l'impatto può essere molto maggiore. Ecco perché è molto importante gestire bene questo tipo di cliente, cercando di capire cosa non ha funzionato, per quale motivo non ha avuto l'esperienza desiderata, vedere come possiamo migliorare, capire se questo cliente è recuperabile o se siamo in grado di offrire una soluzione.

In reti come TripAdvisor, una recensione negativa di una stella ha un impatto maggiore sulla classifica finale e sulla percezione dei clienti rispetto a una valutazione a cinque stelle. Di solito il cliente che ci cerca attraverso i social network legge il commento negativo prima di quello positivo.

Seahorse Ibiza

Tra la fine del 2018 e l'inizio del 2019, abbiamo lanciato un nuovo progetto di ristorante: Seahorse, a Playa den Bossa (Ibiza). Come azienda, il Gruppo Playasol non aveva mai lanciato un ristorante tipo gourmet, c'erano diversi snack bar, ma non uno di questo tipo.

In un'area inutilizzata, abbiamo deciso di sfruttare la buona e ampia cucina esistente per poter creare una nuova area di vendita. La cucina riusciva a rifornire perfettamente i due punti vendita: uno snack bar con un potenziale di 400 o 500 commensali al giorno e un ristorante gourmet (60 coperti). Abbiamo acquistato i macchinari da cucina necessari per questo tipo di prodotto e sviluppato un nuovo menu in stile mediterraneo, con elaborazione e processo diversi da tutto ciò che era stato precedentemente creato negli altri punti vendita, utilizzando ingredienti freschi e alcuni prodotti a chilometro zero.

Seahorse è un ristorante gourmet da circa 60 coperti, che offre

cucina mediterranea, sito a Playa den Bossa, Ibiza.

3. IL MODELLO SELF-SERVICE

Normalmente questo modello è costituito da una struttura formata da una o più isole e da uno o più corridoi tipo bancone, con un percorso lungo il quale sono esposti i prodotti del menu. Dagli antipasti ai dessert, agli snack e alle bevande.

L'area di pagamento si trova alla fine dell'area espositiva dei prodotti e prima dell'accesso alla sala con i posti a sedere, dove il conto finale viene verificato e pagato in base al prodotto selezionato.

Il modello attuale che si sta sviluppando ogni volta di più è quello del "free flow" con un flusso libero in cui il percorso per scegliere i prodotti è distribuito in diverse isole.

I prodotti scelti possono essere pagati a un unico prezzo per piatti già pronti ed elaborati, a un prezzo per peso dello stesso, con costo diverso in funzione dell'ingrediente, oppure in base al volume o alla misura di un piatto vuoto che il cliente può riempire con il prodotto offerto.

I tempi di attesa sono molto brevi da quando il prodotto viene elaborato o nella sua ultima fase di processo. A volte si può vedere la formula tipo "show cooking" in cui uno chef, situato in una zona di lavorazione concreta, offre un prodotto cucinato al momento. Questo show cooking è normalmente utilizzato per carne o pesce, pasta o qualche tipo di piatto etnico.

L'offerta del menu è generalmente composta da prodotti che seguono ogni stagione, con proposte dietetiche equilibrate e una costante qualità del prodotto.

Ristorante Migros Grancia

Abbiamo visto in questo capitolo alcuni dei modelli di gastronomia più noti e le loro principali peculiarità. Ora arriva la parte più difficile. Cosa facciamo? Che tipo di attività vogliamo aprire? L'unica persona che ha la risposta sei *tu*.

Capitolo 4:

La strategia di costo e la diversificazione

Ricordo ancora oggi di aver incontrato, durante le lezioni di un MBA, un grande insegnante che alla fine è diventato un grande amico, Pepe Ruiz Canela, professore alla ESIC Business & Marketing School, oltre a essere International Risk Manager per negoziazioni internazionali e pubbliche di Telefónica International. Pepe ci diceva: «Puoi parlare di mille diverse strategie ma, alla fine, sono tutte riassunte in due: strategie di costo e strategie di differenziazione». Non dobbiamo soltanto lottare per l'efficienza nell'una o nell'altra, dobbiamo anche cercare di gestirle entrambe nel migliore dei modi, combinarle.

Sicuramente la gestione dei costi è più pratica e semplice; sono necessari strumenti di controllo e un buon monitoraggio. D'altra parte, ottenere un prodotto o un servizio differente può essere un po' più complicato, o almeno sono richieste competenze diverse.

1. IL FOOD COST

Il food cost fa parte della scheda tecnica di una ricetta e include i relativi importi valutati economicamente per poter calcolare il costo del materiale e degli ingredienti del piatto, senza contare il costo di preparazione o processo (costo del personale) o altri costi operativi (energia, affitto locale ecc.). Calcolare il food cost di un prodotto non solo ci aiuterà a determinare un prezzo di vendita efficiente, ma ci aiuterà anche a standardizzare il nostro prodotto nel modo che desideriamo e, assieme alla definizione della ricetta, del peso di ciascun ingrediente, degli allergeni in esso contenuti e il modo di elaborazione, ci aiuterà a elaborare sempre lo stesso prodotto nel tempo. Calcolando il food cost, purché vi includiamo una percentuale di rifiuti, possiamo conoscere la redditività finale di ogni piatto e l'impatto sul nostro risultato e possiamo avere un maggior controllo sulle nostre ricette, anche se dipende fortemente dallo chef che lo prepara.

Elaborare la scheda tecnica e il food cost di un prodotto: elementi che lo compongono

Pensa a una ricetta che sia composta da ingredienti diversi, con un'unità di misura e una determinata quantità per ciascuno di essi.

Questa quantità viene estrapolata in un formato di acquisto del prodotto che costituisce quell'ingrediente, al fine di conoscere il costo della quantità dell'ingrediente che utilizziamo per il nostro piatto. La somma dei costi di ciascun ingrediente sarebbe il costo finale o il costo del cibo del nostro piatto (senza aggiungere il costo del personale o altri costi).

Se a questo food cost aggiungiamo gli allergeni contenuti nel piatto, una foto di presentazione e una spiegazione del processo di elaborazione, avremo la scheda tecnica dello stesso.

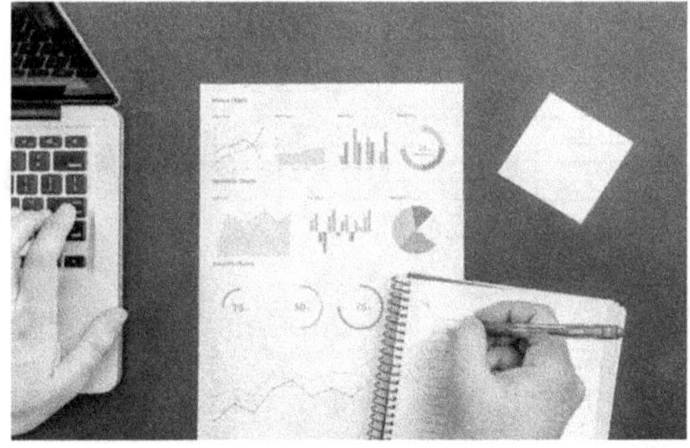

Diamo un'occhiata a un esempio inventato di insalata di formaggio di capra. Nella parte superiore della nostra scheda tecnica possiamo includere informazioni generali sulla ricetta come, ad esempio, chi l'ha creata, la data di creazione, le possibili modifiche e per quale azienda o punto vendita è stata creata.

EMPRESA "X"		Ficha técnica				
		Ensalada verde con queso de cabra				
Numero documento					Autor	J. Cervera
Fecha creaciòn		01/01/2020		Ultima modifica 10/01/2020	sust. Versión del	01/01/2020
AÑO DE PRODUCCIÒN: 2020				FILIAL: CORPORATIVA		
Nombre de quién ha creado la receta:		Jorge Cervera				
Nombre de la receta:		Ensalada verde con queso de cabra				
Receta para total de personas:		1				
Dònde viene propuesta esta receta al cliente						
Cafetería		Rest. Gourmet		Relación alérgenos:		
Snack Bar ciudad	X	Tapería		Lechugas variadas, queso de cabra, nueces y bacon (Bacon, Agua, Almidón, Sal, Estabilizadores (E-451i, E-407, E-420), Azúcar, Especias, Aromas, Aroma de humo, Antioxidantes (E-316, E-331), Conservador (E-250)).		
Snack Bar playa	X	Enoteca				
Bar Lounge	X					
Rest. Fast Food	X					

Nella parte centrale calcoliamo il food cost.

Nombre ingrediente	Unidad (gr, Kg, lt..)	Total Porción	Tipo de formato	Proveedor	Coste Compra	Coste porción	% Coste
Queso de cabra rulo	Kg	0,1	1	Proveedor A	5,00 €	0,50 €	7,14%
Mezclum	Kg	0,10	1	Proveedor B	2,00 €	0,20 €	2,86%
Fresa fresca	Kg	0,03	1	Proveedor B	4,00 €	0,12 €	1,71%
Champiñones laminados	Kg	0,03	1	Proveedor B	1,00 €	0,03 €	0,43%
Vinagreta de frambuesa	Litro	0,03	1	Proveedor B	3,00 €	0,09 €	1,29%
Higos de turquía	Kg	0,01	1	Proveedor A	4,00 €	0,04 €	0,57%
Total Coste						0,94 €	
Precio de venta						7,00 €	
% de coste						13,43%	

Supponiamo che il prezzo di vendita IVA inclusa del nostro prodotto sia di 7 euro: il food cost di questa ricetta sarebbe di 0,94 euro, ovvero il food cost inciderebbe per il 13,43% sul prezzo di vendita.

Possiamo poi aggiungere una percentuale di scarto. Normalmente per questo tipo d'insalate la percentuale di scarto è quasi nulla, ma nel nostro esempio consideriamo che sia del 5%. Nella parte inferiore possiamo aggiungere la foto e la spiegazione del processo di elaborazione, in modo che chiunque lo prepari nella nostra cucina possa capire perfettamente come fare per prepararlo, così come il tempo stimato di elaborazione.

Foto	Método de preparación (breve explicación) y tiempo de elaboración
	Cortar las fresas con la forma que más os guste. Desmenuzar el queso de cabra. Montar la ensalada al gusto y con la cantidad de ingredientes que queráis o vaya a hacer falta, pero sin pasarse. Aliñar con aceite de oliva Virgen Extra, un poco de sal. Ya tenéis lista está deliciosa ensalada.
	Tiempo de elaboración: 3 minutos aproximadamente	Firma

[Fonte: JCT 360]

Pensa se invece di un singolo ristorante tu dovessi gestire diversi punti vendita. Il processo di standardizzazione del tuo prodotto, utilizzando le schede tecniche, può essere molto utile, sia per i processi di qualità e di produzione sia per il controllo dei costi e le garanzie di acquisto.

Con quale percentuale di food cost dovremmo lavorare?

La teoria ci dice che, una volta elaborata la scheda tecnica del prodotto, il food cost dovrebbe essere circa il 25% del prezzo di vendita e il beverage cost (costo delle bibite) circa il 15%. **Non** seguire sempre questa teoria! Ci sono molti altri fattori che influenzeranno la tua decisione relativa al prezzo di vendita: il prezzo della concorrenza, l'andamento del mercato locale e globale, la stagione dell'anno (se abbiamo un ristorante o un bar per un mercato turistico oppure per uno di città), la posizione dei nostri locali (area trafficata oppure isolata), la specializzazione del nostro personale, i dettagli e la qualità del nostro locale.

Adesso vediamo il costo di altri prodotti con un alto prezzo di vendita, come ad esempio i vini. Supponiamo di acquistare due vini, il primo a un prezzo vicino ai 4 euro, e il secondo a circa 40 euro. Seguendo la logica della percentuale di costo fisso (circa il 15%, per le bevande) dovremmo vendere il primo vino a circa 27 euro la bottiglia e il secondo a circa 260 euro. È la cosa giusta?

La realtà ci dice ben altro. Maggiore è il prezzo di acquisto, minore sarà la percentuale di margine rispetto al prezzo che applicheremo, poiché il margine economico complessivo sarà maggiore. Teniamo anche presente che i vini con un prezzo di acquisto più basso possiamo venderli pure al calice, poiché l'eventuale rischio di perdita dovuto al mancato consumo sarà inferiore. Diciamo ora che abbiamo deciso, ad esempio, di vendere uno champagne a un prezzo al calice piuttosto alto. Dopo aver aperto la bottiglia, e prima che il prodotto perda qualità, ne vendiamo soltanto due calici. Cosa facciamo con il resto della bottiglia? A meno che, naturalmente, non siamo un'enoteca specializzata in champagne e abbiamo un buon numero di clienti che acquistano questo tipo di prodotto, per i vini ad alto costo e con un'eventuale bassa rotazione, la vendita a calice non è molto consigliata.

2. LA DIVERSIFICAZIONE

Attualmente, offro qualcosa di diverso da quello che offre la concorrenza? Sono il primo e unico a proporre questo prodotto o servizio vantaggioso? Faccio davvero qualcosa di diverso dagli altri, ovvero, sono diventato uno specialista in questo settore? Nel caso in cui la tua risposta sia "sì" ad alcune di queste domande, hai una grande opportunità di fronte a te poiché, se lo fai bene e il cliente apprezza ciò che fai, avrai un vantaggio nel tempo che ti posizionerà sul mercato come "unico".

Da Claudio, Ibiza

Su raccomandazione di due nostri grandi amici di Roma, Viviana e Giacomo, siamo andati a visitare un ristorante situato al porto di Ibiza, la cui la specialità era un unico piatto, la "carbonara". Ci sono molti ristoranti italiani a Ibiza, ma questo si distingueva per l'elaborazione dell'autentica carbonara romana.

Poiché utilizzavano il guanciale di Amatrice e il pecorino romano, il sapore di questa pietanza era ottimo. Molti italiani residenti a Ibiza erano diventati clienti abituali. I miei amici mi avevano detto: «Devi provarlo, noi che siamo romani possiamo dire che è una delle migliori carbonare che abbiamo mangiato, pure essendo ad Ibiza!» Conoscendo la passione dei romani per questo grande piatto tipico, era da visitare.

Bene, possiamo confermare che questo ristorante era diverso dal resto per la qualità di questo piatto e non solo, anche i dessert erano deliziosi. Specializzarsi in un prodotto può rappresentare un bel gancio per il cliente e ci potrebbe aiutare a differenziarci dai competitor.

Cercare la differenziazione come elemento che ci rende più "interessanti" rispetto alla concorrenza, o la somma di diversi elementi che rendono il nostro prodotto o servizio nel suo insieme come unico, fa sì che il nostro cliente percepisca che è diverso dagli altri. Pertanto diamo un'occhiata ad alcuni di questi elementi (non tutti).

Hospitality

Cercare di chiudere il "cerchio dell'ospitalità" è fondamentale quando si cerca l'unicità. Per raggiungere l'obiettivo di redditività nel nostro ristorante, dovremo lavorare bene sulla struttura dei costi, ma soprattutto gestire bene l'intero processo di vendita.

La vendita in gastronomia (come nel resto delle attività economiche) si ottiene grazie alla continua accettazione del nostro prodotto da parte dei nostri clienti, e il cliente di oggi non solo cerca un prodotto, ma cerca esperienze. Per garantire queste esperienze al nostro cliente, possiamo lavorare sull'ambiente cercando di offrire qualcosa di unico, oppure su un prodotto eccellente, su un concetto diverso e su molti altri aspetti.

Siamo noi che, con l'aiuto del nostro staff, dobbiamo essere in grado di venderlo e, se lo staff non è addestrato e allenato, il cerchio dell'ospitalità non può chiudersi, poiché l'esperienza per il nostro cliente non sarà completa e, di conseguenza, il nostro modello di business sicuramente non durerà nel tempo, almeno fino a quando arriverà un nuovo concorrente che faccia qualcosa di simile.

La tua missione è formare il tuo team, renderlo partecipe della tua strategia, metterti al comando del progetto e trasmettergli le tue emozioni. Sarà la tua squadra a garantire la redditività desiderata.

Processi flessibili

Parlavamo prima dell'importanza dei processi e delle procedure in gastronomia, specialmente quando devi gestire più di un punto vendita. Ma attenzione alla loro rigidità! Il collaboratore può seguirli al 100% e, se non sono stati redatti in maniera chiara e pensando alle eventuali contingenze, la volta in cui si troveranno di fronte a un cliente, potrebbe darsi una situazione di rischio o fallimento dello stesso.

Da dove viene il problema? Dal rapporto con il cliente. Il nostro cliente è unico, è alla ricerca di un'esperienza e, in caso di dubbio o di situazione problematica, alla ricerca della soluzione ideale. Il nostro obiettivo sarà quello di trovare sempre la miglior soluzione e risposta per il cliente.

Quando sviluppiamo i processi davanti a un computer durante la fase di pianificazione, potrebbero esserci molte variabili che ci sfuggono, oppure il nostro cliente potrebbe reagire in un modo completamente diverso da quello che ci aspettavamo. Quindi dobbiamo dare al nostro personale una certa flessibilità e autonomia quando applichiamo i processi, cioè, può modificare determinate condizioni se la situazione lo richiede.

Il training e il riconoscimento del lavoro ben svolto

Sarai tu stesso a creare i risultati positivi o negativi del tuo ristorante. La "mission" e la "vision" inizieranno dalla tua testa e dal tuo cuore. Dovrai essere il primo a metterti in gioco, formare continuamente il tuo staff e dargli modo di capire che con te ha la possibilità di trovare finalmente una situazione in cui ci sono possibilità di crescita professionale, stabilità e riconoscimento, se si presenta il caso.

Se vuoi avviare un'attività in questo mondo della gastronomia, è perché hai qualche esperienza o hai qualche vantaggio che ti hanno spinto a lanciarti. A meno che non tu non possieda un locale relativamente piccolo con periodi di tempo ridotti, avrai bisogno dell'aiuto di un gruppo di collaboratori (siano esterni, amici o familiari). È la tua missione (e sarà un tuo vantaggio) facilitare loro il processo di formazione oppure motivarli con l'aiuto necessario affinché continuino a formarsi.

Pensa che uno staff professionale sarà sempre positivo per il tuo locale, perché migliore sarà il servizio che darai, più clienti avrai; sarà in grado di essere efficiente nell'amministrazione e nel funzionamento del tuo ristorante e, di conseguenza, la redditività che otterrai sarà maggiore. Riconosci e motiva i membri del personale ogni volta che compiono una buona azione, ogni volta che migliorano nel loro lavoro, ogni volta che ti mostrano la loro lealtà. Ti aiuterà a far crescere la tua attività ogni giorno. Diventa l'esempio da seguire per la tua squadra!

Prodotto e servizio

Sarebbe come un riassunto generale o finale di tutti i punti precedenti. Offrire un prodotto diverso (singolo o la somma di vari) e un servizio ideale per esso, sarebbe la chiave per poter aprire la porta e accogliere con orgoglio i nostri clienti. Detto questo, può sembrare molto semplice, ma dovremo approfondire questi concetti.

Per prodotto differenziato intendiamo non solo un prodotto di qualità, ma che contiene alcuni elementi che lo rendono diverso dagli altri, qualche sfumatura nella sua elaborazione o qualche ingrediente che lo rende unico e impossibile da trovare altrove. Quindi, il cliente verrà nel tuo ristorante perché sa che troverà determinate pietanze che non troverà altrove. Possiamo parlare di prodotti in generale, di ristoranti famosi per i loro risotti o riconosciuti per la qualità delle loro carni ecc.

Attraverso il servizio, e una volta ottenuta una buona base (cosa che non è sempre facile) possiamo fare diverse cose: salutare sempre il nostro cliente in modo amichevole e con un saluto unico al suo arrivo o congedo, servire ogni piatto in maniera particolare, far indossare allo staff una divisa unica, adottare un sistema che lo rende più veloce ed efficiente. Abbiamo molte possibilità per raggiungere questo obiettivo.

Oggi, uno dei maggiori problemi e difficoltà nel riuscire a garantire un buon servizio in gastronomia è quello dell'alto turnover del personale. Puoi gestire il tuo staff in modo eccellente, sviluppare buoni processi per essere in grado di standardizzare il servizio, chiunque faccia parte al tuo team, ma ciò non garantisce che otterrai sempre ciò che stai cercando, poiché la soddisfazione del cliente dipenderà sempre in gran parte dal servizio offerto dal nostro staff.

A volte dovrai affrontare questo problema, non ti rimane altra possibilità, perciò porta pazienza e vai avanti con il tuo piano o il tuo programma. Continua a formare il tuo personale, continua a lavorare con i servizi e i processi comportamentali e, quando trovi la persona o le persone che stai cercando, prenditi cura di loro e aiutale a crescere nel tuo ristorante, perché alla fine saranno i collaboratori ad aiutarti e a farti raggiungere i tuoi obiettivi.

Capitolo 5:
L'offerta e l'operatività

Quando parliamo di offerta in gastronomia, non parliamo solo di prodotto, parliamo anche di servizi, una parte immateriale che ha molto peso nella soddisfazione del cliente. Quindi, nella nostra struttura di offerta avremo 3 parti.

L'offerta gastronomica del prodotto con le diverse ricette o piatti, prodotti a buffet, finger food, tramezzini, pizze e così via, ossia tutti i prodotti che offriamo nel nostro menu, nonché le bevande alcoliche e analcoliche che lo accompagnano.

La struttura fisica della nostra offerta, che sarebbe l'insieme di utensili, posate, stoviglie e altro materiale di servizio che utilizziamo, nonché la decorazione (illuminazione, decorazioni floreali, pareti e soffitti, pavimentazione ecc.) e l'arredamento dei nostri locali.

E, da ultimo, ma non per importanza, la struttura tecnica: il nostro staff.

1. MENU ENGINEERING: COS'È E A COSA CI SERVE

Durante il periodo natalizio, di solito riceviamo delle pubblicità a casa con offerte di giocattoli, circa 40 o 50 pagine piene di oggetti da poter chiedere a Babbo Natale. I più piccoli adorano vedere questo tipo di riviste e segnare, cerchiandoli con la matita, tutti i regali che vorrebbero ricevere.

Una volta, guardando mio figlio piccolo Andreas, di 3 anni, sono stato attento a quello che segnava cercando di capire la logica che seguiva. La maggior parte delle volte sceglieva il giocattolo in alto a destra. Ed è qui che è stato confermato quello che avevo letto in precedenza. Quando un cliente apre il menu, il primo sguardo va al prodotto in alto sulla pagina destra. Ed è lì dove normalmente andrà messo il prodotto più accattivante, quello con il margine maggiore, quello che produciamo meglio o, semplicemente, il più commerciale. Dobbiamo posizionalo in alto a destra, laddove l'occhio va istintivamente.

Menu engineering indica il processo di elaborazione del menu o della carta del nostro ristorante o bar, basato su dati studiati e pianificati in anticipo, come, ad esempio, il food cost per conoscere i costi e la redditività del nostro piatto, dati commerciali come accettazione del prodotto o presentazione dello stesso, margine o altre strategie pianificate.

Nel nostro processo di menu engineering studiamo quanti piatti o prodotti deve contenere la nostra carta, il tempo di lavorazione stimato per ciascuno, il margine di contribuzione e molti altri fattori. Tutto questo è da pianificare in base alla nostra struttura del personale, alla capacità di elaborazione della nostra cucina, alle distanze tra cucina e sala e al materiale disponibile.

Suggerimenti per creare il tuo menu

Prima di iniziare a preparare il nostro menu, dobbiamo considerare criteri molto chiari come il tipo di cliente a cui vogliamo vendere il nostro prodotto, il tipo di offerta gastronomica che vogliamo proporre o i *range* stimati di prezzo di vendita su cui ci sposteremo, avendo precedentemente studiato i nostri competitor.

Proviamo a rendere il nostro menu unico, in modo che quello che venderemo non sia solo un prodotto: proviamo a renderlo un'esperienza. A questo proposito mi viene in mente il ristorante Sublimotion all'Hard Rock Hotel di Ibiza, un concetto guidato dallo chef Paco Roncero, in cui la tecnologia e la realtà virtuale si combinano con l'alta cucina per creare un'esperienza unica al mondo. Un ristorante stellato per soltanto 12 fortunati commensali.

Tieni presente che il menu che creerai dovrà essere focalizzato sulla ricerca della soddisfazione del cliente, non della tua propria, quindi dovrai ideare un insieme di piatti sapendo quello che sarà fattibile in termini di vendita e di successo.

Prima viene pianificato e ideato il menu, poi viene progettato il ristorante e il suo arredamento. Dovremo capire cosa possiamo offrire al cliente e la maniera di farlo. Dovrà essere un prodotto che sapremo gestire e produrre perfettamente, raggiungendo la qualità e l'operabilità desiderate. Da lì, possiamo iniziare a progettare la nostra cucina e la nostra sala, per poi creare un concept e un ambiente in perfetta armonia con il nostro menu.

Dovremo tenere conto della stagionalità degli ingredienti e, almeno due o tre volte all'anno, aggiungere nuovi piatti o modificare quelli che già abbiamo con i prodotti tipici della stagione. Ad esempio, in primavera prepareremo piatti leggeri, freschi e aromatici, con prodotti come gli asparagi; in estate prodotti più "easy", con preparazioni povere in grassi, carne e pesce più leggeri; in autunno piatti caldi a base di verdure, castagne, funghi, selvaggina; in inverno piatti più sostanziosi come zuppe o piatti al cucchiaio, carne rossa in salsa, primi come pasta e risotti più elaborati e con fondi più sostanziosi.

Rispetta la stagionalità del cibo. Il cliente di oggi ha una buona conoscenza della cucina e degli ingredienti che la formano. Poi si sa che, quando la frutta o la verdura non sono di stagione, si devono acquistare alimenti importati da luoghi "esotici" che subiranno un processo di congelazione, riducendo le loro condizioni di freschezza e di qualità.

A meno che non il tuo ristorante o bar non sia di cucina etnica o internazionale di un determinato posto, non proporre tanti piatti dal sapore speziato o troppo esotico. A volte nella semplicità sta la qualità.

Proponi diversi tipi di cottura per carne e pesce, dai ferri al vapore, dal forno alla piastra. E il fritto quando lavori con prodotti snack, ma senza esagerare. Se decidi di preparare qualcosa di fritto (ad esempio la frittura di pesce), dovrà essere un fritto di qualità, con un buon olio che non verrà riutilizzato eccessivamente.

Evita pietanze simili tra di loro, ad esempio ripetere lo stesso tipo di carne o pesce. Modifica i contorni (per tipo o metodo di preparazione) o ingredienti di base. Allo stesso modo, è sempre apprezzato che siano disponibili salse o fondi diversi (soprattutto per la cucina gourmet).

Negli snack, ristoranti turistici o gourmet (non "solo adulti") dovrai anche pensare ai più piccoli. Per quei genitori che sono accompagnati dai loro figli (una grande percentuale di clienti, soprattutto per i pranzi del fine settimana), il ristorante deve avere, ad esempio, un menu con dei disegni da poter colorare o giochi per intrattenere i bambini, che li aiuterà a pranzare senza lo stress di dover intrattenere i loro piccoli. Offrire delle ricette per i più piccoli ci permetterà di coprire una quota di mercato maggiore. I piatti dovranno essere pronti e facili da mangiare per il cliente (pesce senza lische o disossato, carne senza ossa, ingredienti tagliati a piccole porzioni ecc.).

La sfida del dessert: formazione dello staff

Dopo un'ottima cena o pranzo, in un posto splendido con un'atmosfera incredibile, arriva l'ora del dessert. Un dolce momento per chiudere il servizio. Di solito (ad eccezione dei ristoranti gourmet di alto livello, che hanno la figura del pasticcere), sono prodotti relativamente "agili" nella preparazione, che possono anche essere preparati prima del servizio in modo che, quando il cliente li richiede, devono solo ricevere il tocco finale di decorazione.

Possono essere prodotti molto ben lavorati nella 5ª gamma (Convinience 5). Torte già preparate o congelate, dessert in monodose, gelati già elaborati, condimenti, salse, creme e così via. Ovviamente, il prodotto fatto in casa sarà sempre preferito, ma tutto dipende da come si sviluppa l'operabilità del tuo ristorante e da cosa ti sarà possibile fare.

Il servizio è una parte molto importante e fondamentale per far sì che il cliente possa ordinare il dessert. In molti casi non viene venduto perché non viene nemmeno offerto al cliente. Come alternativa, possiamo preparare un menu in cui includiamo di fatto la scelta del dessert, oppure possiamo preparare un vassoio con tutti i nostri dessert già pronti (in modo che possano risvegliare "sensazioni dolci" nei nostri clienti quando li vedono).

Ma deve essere il nostro staff a offrirli al cliente una volta terminato il secondo piatto e, soprattutto, sapendo come venderli bene, conoscendo il prodotto che offre. Normalmente dopo la seconda portata arriva un "calo di tensione del servizio" e in questo momento di relax il prodotto dimenticato è sempre il nostro dolce.

Di solito i dessert sono prodotti ad alto margine, con un rischio ridotto di scarto (di solito sono freddi oppure congelati, quindi durano più a lungo o possono addirittura essere surgelati) e possono aiutare a completare il ciclo di soddisfazione del cliente. Sarà l'ultimo prodotto (almeno parlando di cibo) che il nostro cliente proverà durante la sua visita al nostro ristorante.

La scelta del numero di piatti di un menu

Adesso arriviamo alla parte spesso difficile perché di solito vogliamo includere un gran numero di ricette che conosciamo, prodotti che pensiamo possano funzionare, quelli che pensiamo possano piacere al cliente, ma è possibile includere, ad esempio, 40 piatti o ricette nel nostro menu? Come sempre, l'unica risposta che possiamo dare è: dipende.

Dipende dalla tua cucina, dal numero di cuochi disponibili, dalle celle, dai magazzini o frigoriferi che abbiamo, dalla formazione del nostro personale, dal tipo di prodotto che offriamo e da tanti altri fattori. Certo, dovrà essere qualcosa di fattibile da parte del tuo team e che garantisca la qualità desiderata.

Esistono dei dati che possono essere usati come riferimento, ad esempio: in ristoranti o bar con un prodotto relativamente più semplice nel processo, o prodotti che condividono ingredienti o processi, possiamo offrire menu con più di trenta prodotti. Considera, ad esempio, le pizze o gli hamburger. Per gli altri in cui ogni prodotto o ricetta è diverso l'uno dall'altro e presenta parametri di alta qualità, nonché una maggiore difficoltà nel processo, i menu con più di venti o venticinque piatti non sono raccomandati, come ad esempio, nei ristoranti gourmet.

Prodotti per tutti. Nuovi "trend" che seguono la gastronomia
L'attuale customer richiede una varietà di prodotti molto diversa rispetto ad alcuni anni fa. In precedenza i menu dei diversi bar e ristoranti erano molto simili tra loro, con prodotti analoghi. C'era poca varietà. Al giorno d'oggi, appaiono nuovi prodotti che occupano una percentuale molto elevata nel consumo attuale.

Prodotti di origine bio (quelli che non subiscono manipolazioni genetiche dei loro componenti, uso di antibiotici, pesticidi, altoparlanti o altre sostanze chimiche), prodotti biodinamici (ispirati ai principi di Rudolf Steiner, che hanno cercato di migliorare la qualità della coltivazione e della terra, utilizzando composti naturali, lavoro non distruttivo e con rotazione agricola, seguendo il calendario lunare per l'inseminazione), prodotti "gluten free", prodotti dietetici, funzionali, sostituti vegetariani della carne. Sempre più clienti sono esperti in questo tipo di prodotti e non sarebbe male prenderli in considerazione prima di preparare la nostra offerta gastronomica.

2. IL BEVERAGE

La scelta delle bevande per il nostro menu è una parte strategica dei futuri introiti del nostro ristorante, non solo per la maggiore redditività in percentuale e in termini assoluti della bevanda, oppure per la minore percentuale di scarto; a volte la percentuale delle vendite sul totale può essere molto superiore a quella del food, e, se parliamo dell'eventuale profitto, la differenza può essere ancora maggiore.

Abbiamo bisogno di uno staff qualificato che sappia preparare le nostre bevande e presentarle nel modo giusto, ma normalmente il processo sarà meno complicato di com'è in cucina. La parte forse in cui sarà necessaria una maggiore specializzazione e professionalizzazione è nei cocktail e nei mocktail (cocktail analcolici) oppure quando lavoriamo con i vini, soprattutto nei ristoranti di alto livello, cercando abbinamenti per le ricette proposte che potrebbero sorprendere cliente, oltre a una grande varietà di essi.

Soft drink e bibite analcoliche
Non sono soltanto bibite gassate e acqua (con gas e senza gas). Siamo in grado di offrire una vasta gamma di prodotti, sempre a seconda dello spazio disponibile per lo stoccaggio o del tipo di attività che svolgiamo. Alcuni dei vantaggi di questi prodotti sono ad esempio la velocità del servizio oppure che la loro scadenza è piuttosto distante.

Alcuni ristoranti gourmet di un certo livello possono addirittura avere menu di acque, con diverse mineralizzazioni e proprietà tra di loro. Sono prodotti normalmente elaborati a partire da acqua potabile o minerale, neutri o con l'aggiunta di succo di frutta, nettare, infuso o dolcificante.

Possiamo includere succhi di frutta o nettare (con una percentuale di frutta di almeno il 40%), bevande analcoliche (anche chiamate bevande di fantasia) normalmente aromatizzate e gassate e in cui non vi è alcun riferimento agli ingredienti in esso contenuti (ad esempio Coca Cola o Sprite).

Avremo poi l'opportunità di offrire altri prodotti di trend come i detox (combinazione di vari frutti, verdure e semi, ricchi di fibre e vitamine, con proprietà antiossidanti e purificanti) o cocktail analcolici, noti anche come mocktails (Virgin Mojito, San Francisco, Virgin Colada), smoothies, frozen, semifreddi e così via.

Vino e birra

Esistono sul mercato interi manuali che parlano esclusivamente di questi prodotti. Il mondo del vino e delle birre apre le porte a innumerevoli possibilità ed esempi, prodotti di altissima qualità e che possono sempre fare la differenza. Come spiegato in precedenza, tutto dipenderà dal tipo di locale che abbiamo, ma il momento della scelta dei nostri vini e birre sarà uno dei più belli e soddisfacenti (pensa che ci sono birrerie con più di 20 o 30 referenze e carte dei vini con più di 500).

Vini bianchi freschi e fruttati, quelli con un tocco di legno, rossi giovani e giocosi che danno il loro risultato a seconda del momento, quei grandi vini che fanno un passaggio di "barrique" per diversi anni e che acquisiscono un ampio bouquet e sapori inaspettati, il mondo dei rosé sempre più in crescita, spumanti d'autoclave o elaborati seguendo il metodo classico, Cava, Franciacorta, il Prosecco o l'ammirato Champagne, infiniti tesori reali.

Nel caso in cui dovessimo gestire un fast food, questo esteso menu per i vini non avrà la stessa elaborazione di quella di un ristorante tipo gourmet. Se parliamo di uno snack bar o di un ristorante, abbiamo ancora bisogno solo di alcuni riferimenti che potrebbero essere venduti al bicchiere. Ma, nel caso del ristorante gourmet, con la lista dei vini si apre un bellissimo mondo, in cui ovviamente è richiesta molta attenzione poiché, a seconda del tipo di menu e del numero di riferimenti che vogliamo presentare, possiamo trovarci di fronte a un forte investimento nel prodotto, creando uno stock abbastanza numeroso.

Questo tipo di azione richiede personale specializzato oppure dei sommelier che non solo saranno responsabili del servizio, della descrizione, dell'abbinamento e della vendita del nostro prodotto, ma che sanno anche come prendersene cura e conservarlo, nonché gestire lo stock, gli acquisti e il lavoro della cantina.

Ora parliamo di birra. I meravigliosi luppoli, che interagiscono nel processo di fermentazione e in base a determinati fattori ci danno birre chiare o scure, con o senza alcool, malto speciale o doppio malto, a bassa fermentazione o alta fermentazione, birre trappiste e così via. Alla fine, la birra è uno dei prodotti più antichi che esistano, oltre che il più consumato.

Anche qui il servizio è importante. Birra alla spina, in bottiglia, servirla con una buona schiuma, servizio a due tempi, temperatura di servizio (da 6 a 8 °C per quelle a bassa gradazione, e 8-10 °C per quelle di medio corpo come la "lager" o "birra inglese").

Cocktail, mocktail e altri alcolici

Il cocktail è un concetto identificato anch'esso con i mercati anglosassoni, soprattutto ai suoi inizi, ma attualmente conosciuto in tutto il mondo. Ci sono molte teorie che ci parlano dell'origine della parola "cocktail", da *cock's tail.*

Alcuni dicono che provenga dalle diverse bevande combinate che davano ai galli in modo che fossero più aggressivi durante i combattimenti, si dice anche che nel diciannovesimo secolo, in un porto del Messico (San Francisco de Campeche) un oste usasse radici chiamate "code di gallo" o "cock's tail" per offrire la bevanda tipica dell'epoca, il rum drac. Si parla anche di un'origine a New Orleans, dove un farmacista francese offriva alcuni elisir in bicchieri conosciuti come *coquetiers.* Ci sono diverse versioni, ma non si sa quale sia vera.

Nei bar, nei lounge o negli snack bar, possiamo trovare un menu composto da una gran varietà di cocktail, spesso noti, come Mojito, Caipirinha, Long Island Iced Tea, Daiquiri, Margarita. Sono prodotti realizzati con maestria da parte del barista, che aiutano a creare un'esperienza positiva nel nostro cliente non soltanto per la qualità e il gusto, ma anche per la presentazione.

Prodotti altamente "instragrammabili" cosa che, se fatta bene, aiuterà la promozione del nostro locale attraverso i social. La versione senza alcool è detta mocktail.

Come elaborare la carta, il numero totale di ricette e la freschezza degli ingredienti dipenderanno dal concept che vogliamo offrire e dalla specializzazione del nostro personale. Ricordo che, nel 2003, lavorando come barman al London Ritz nel Rivoli Bar, dovevo imparare più di 100 referenze, tutte con ingredienti naturali, marchi prestigiosi e ricette ben precise. Il cliente ci visitava per la qualità e l'esclusività dei cocktail che offrivamo, essendo un locale di riferimento a Londra.

Altri prodotti in forte crescita sono i vermut, molto diffusi nell'area del Mediterraneo settentrionale (Comunità Valenciana, Isole Baleari e Catalogna), ma anche in centri urbani, come Madrid. Nel nord Italia (Piemonte e Milano) possiamo trovare persino bar dedicati a questo prodotto. Il vermut rosé, dry o bianco viene servito con ghiaccio e fetta di limone o di arancia, accompagnato da patatine o qualche conserva di buona qualità o in salamoia.

Caffè, infusioni e tè

Per chiudere con le bibite, vediamo in maniera riassuntiva caffè, tè, infusioni e simili. Insieme al digestivo, al combinato o al bicchiere di brandy, di whisky o di cognac, sarà l'ultimo prodotto del nostro processo di servizio e congedo con il cliente.

Ci possono essere punti vendita specializzati in questi prodotti. Ad esempio, pensiamo a Starbucks o ai locali con selezione di tè che possiamo trovare nei centri cittadini. Lasciando da parte questo tipo di attività, entrambi devono essere presenti nel nostro menu, qualunque sia il nostro formato di ristorazione, in particolare il caffè. Sono prodotti a elevato margine a livello di percentuale, processo e tempo de servizio molto veloci, e può essere servito in qualsiasi momento, non soltanto dopo pranzo o dopo cena.

Il caffè offre diverse alternative: arabica o robusta, con delle percentuali diverse dell'una e dell'altra miscelate dai produttori. Con l'aggiunta di latte, caffè espresso o macchiato, caffellatte o cappuccino. Esistono diversi tipi di servizio del caffè. Le diverse varietà e qualità dipendono dal produttore, dalla miscela e dalla macchina del caffè utilizzate e dal barista che lo prepara.

Anche il tè e gli infusi sono un prodotto in forte crescita, specialmente nei mercati delle zone con temperature più basse oppure nei centri urbani.

3. LA SALA E LA CUCINA: PROGETTAZIONE

Dicevamo che dobbiamo prima creare il menu per poi passare all'elaborazione del ristorante. Ovviamente dipenderà dal luogo in cui svolgeremo la nostra attività, location che avremo scelto per via di diversi fattori: potenziale di passaggio dei clienti, ampiezza del locale, caratteristiche e distribuzione o per qualsiasi altro motivo.

Dovremo considerare diversi elementi nella sua progettazione, come la creazione di un ambiente specifico correlato al nostro menu e al nostro concetto, la facilità di accesso al locale con, ad esempio, un'area per ricevere il cliente, un buon bar, i servizi igienici e così via.

Staremo attenti a eliminare le diverse barriere architettoniche, rimuovendo ogni tipo di ostacolo che potrebbe impedire a qualsiasi cliente di accedervi, consentendo l'accesso a tutti i punti di servizio esistenti, in particolare per anziani o persone con mobilità ridotta. L'accoglienza del nostro cliente è il primo elemento di presentazione, quindi dobbiamo essere in grado di riceverlo con un benvenuto, di spiegare il menu e il concept fin dall'inizio, di consigliarlo nell'ordinazione. Sono tutti elementi di differenziazione del servizio. Avere una zona tipo guardaroba, specialmente in mercati con temperature più invernali, è necessario. In una località estiva, invece, non sarà indispensabile.

La sala dovrà avere abbastanza spazio in modo che il personale possa lavorare e spostarsi comodamente, ben illuminata e con un buon arredamento di design, ma soprattutto comodo ed ergonomico per il cliente. L'illuminazione, che deve cercare di massimizzare la luce naturale (ad esempio attraverso finestre) e quella artificiale con luci piuttosto calde, non dovrebbe alterare il colore del piatto che offriamo oppure quello del vino o della bevanda che lo accompagnano.

Se gestiamo locali serali o ristoranti con servizio di cena, utilizzeremo un tipo di illuminazione più tenue. Colori arancione o giallo spento, con una luce non troppo forte per far sì che la sensazione di privacy sia maggiore, optando più per l'alogeno che per il neon elettrizzante e, se possibile, una luce naturale a lume di candela. Elementi come l'illuminazione e l'utilizzo di tessuti (tende, tappetti, tovaglie), legno, decorazioni floreali o piante, aiutano ad aumentare la sensazione di buona atmosfera nel nostro ristorante.

Fai attenzione alla temperatura ambiente del locale. Il riscaldamento o l'aria condizionata non sono le nostre uniche soluzioni. Si può ricorrere all'uso di specifici materiali (siano essi tessuti o materiali in legno) e al posizionamento dei mobili in determinati punti per "tagliare" le correnti d'aria fredda. Ad esempio, in estate usa le finestre in punti opposti per far circolare l'aria.

Per poter insonorizzare la nostra sala, possiamo utilizzare un pavimento che elimini certi tipi di rumore, come quello di una forchetta che cade o il rumore causato dai tacchi delle scarpe. Possiamo usare da un tappeto (più nei ristoranti gourmet) ai pavimenti in legno, oppure pavimenti in vinile che imitano altri materiali con sistemi di isolamento acustico. Al contrario, questi tipi di pavimenti sono poco pratici per la pulizia e non molto igienici, soprattutto il tappeto, quindi necessiteranno di una maggiore manutenzione. Alternative? Pavimenti in marmo, granito e così via.

Per le pareti possiamo usare carte da parati diverse. Infinite in varietà, qualità e colori, che saranno quelli che segneranno la decorazione definitiva dei nostri locali. Usiamo elementi naturali di vegetazione (giardini verticali, fioriere, piante sospese) per "coprire" gli spazi vuoti della sala, così come altri mobili decorativi che siano, allo stesso tempo, operativi (ad esempio, stazioni di servizio o mobili per la conservazione del vino).

Da ultimo, ma non per importanza, i bagni, sanitari, servizi igienici o WC. Elementi che vengono spesso trascurati, ma che generano un ricordo potente (positivo o negativo) nel nostro cliente. Tenendoli sempre puliti, decorandoli con diversi elementi, come quadri o mobili, installando delle casse per la musica di sottofondo, fornendoli di asciugamani, di carta o di tessuto, di sapone per le mani, di un ampio specchio ben illuminato, di alcuni dettagli floreali, faremo sì che il nostro cliente porti a casa una buona percezione di cura del dettaglio dei nostri locali.

N° 5 Burger Garage by Francisco Segarra, Valencia.

Francisco Segarra è una di quelle persone dalle quali puoi imparare molto, con idee molto chiare, un grande professionista e con grandi progetti già alle sue spalle. Per Francisco è fondamentale avere molto chiari i molteplici fattori coinvolti nella progettazione di un ristorante: è trascendentale. L'autenticità è il fattore determinante e, quando hai la totale libertà di esplorare idee, è allora che le possibilità sono infinite. N° 5 Burger Garage è un esempio della sua creatività illimitata.

Il suo concetto iniziale era quello di ottenere un ristorante unico, lontano dagli stereotipi e che portasse al limite l'arte di progettare spazi. Il risultato è un nuovo modello di business in cui ogni elemento ha uno scopo e nessun angolo è lasciato al caso. L'attenta decorazione, per la quale l'architetto d'interni ha tenuto conto anche del più piccolo dettaglio, raggiunge uno scenario spettacolare che ci porta alla tipica officina meccanica degli anni

'70. Il progetto, tuttavia, ha presentato alcune difficoltà che tutte le principali opere incontrano. Sfide che aumentano il valore del suo successo.

Lasciando scoperti gli elementi della struttura, sono state scelte le lamiere per delimitare le aree come fossero box, con trapani, pinze, e cacciaviti che sembrano aspettare le mani del loro proprietario. Lungo i locali troviamo una struttura elevata che mostra le vecchie Derbi e Bultaco, che aumentano l'autenticità del luogo. Fedele al suo stile innovativo, Francisco Segarra, ideatore del concept, ha optato per uno stile industriale, in cui materiali e finiture sono presentati in modo grezzo, spoglio e perfettamente imperfetto.

L'estetica industriale tende a creare un ambiente più freddo e senza tempo. Per compensare questo risultato, sono state riprodotte diverse tonalità e selezionati bene i punti luce. Le pareti sono ricoperte di piastrelle che mostrano l'usura degli anni e il pavimento è verniciato simulando le macchie di grasso e olio.

L'arredamento parte dalla combinazione di materiali industriali per eccellenza. Su sedie e sgabelli, il metallo con effetto ossidato viene ammorbidito dal suo contatto con il calore della pelle. Un'originale porta di armadietto lascia il posto a una piccola cabina, che simula la parte più riservata dell'officina meccanica, dove una collezione di trofei, un casco e una tuta da corsa decorano le pareti.

La cucina è il motore di questo progetto e mai meglio detto, perché è un vero food truck, l'epicentro di questo ristorante. Un Citroën HY è il luogo in cui vengono preparati hamburger gourmet, che sono la specialità dell'azienda N° 5. Conoscendo l'importanza del design in ogni aspetto, Francisco Segarra ha ideato il modo migliore per servire ogni boccone. Le stoviglie con cui vengono accompagnati i pasti nascono dall'originalità e dalla differenziazione. Pezzi inediti formano una posata a forma di chiave inglese.

Era importante coprire ogni dettaglio in modo che il risultato fosse avvolgente. Come se fosse una vera officina, le divise dei camerieri sono tute meccaniche e i bagni simulano la biancheria. I lavelli funzionali in granito sono accompagnati da grandi bobine con carta asciugata a mano. Uno spazio in cui l'interior design si *riflette in tutti gli elementi. I pezzi recuperati da vecchie officine, poster e mobili vintage ci avvicinano all'ambiente di produzione, ma anche accogliente.*

Nell'ambito della progettazione della cucina, possiamo seguire diversi modelli, da scegliere a seconda del tipo di prodotto, servizio e processo che utilizzeremo. Possiamo lavorare con cucine convenzionali, di dimensioni più ridotte e con spazi aperti, con le attrezzature e i macchinari necessari per un prodotto senza elaborazioni complesse. Al giorno d'oggi, il concetto di cucina aperta è molto attuato; attraverso una finestra, il cliente può osservare come vi si lavora e come vengono realizzati i prodotti. Ho usato questo concetto per il ristorante Elementi di Lugano con un ottimo risultato.

Attenzione poi all'igiene dei collaboratori, ai processi di pulizia e all'ordine della cucina. Che non sia un'arma a doppio taglio! Un'altra possibilità è quella di preparare una cucina di tipo assemblato, con una struttura medio-grande e la separazione delle aree di produzione per poi arrivare al pass, dove si potrà completare il prodotto finale.

Una cucina centrale tipo satellite è quella che ha una parte centrale (di solito l'area in cui lo chef è responsabile dell'assemblaggio o del tocco finale) e diverse aree divise per oggetti o prodotti diversi. È simile a quella precedente, ma ha il pass in mezzo a ogni area di produzione e non nella parte finale del processo.

Ciò che è chiaro è che, per progettare la nostra cucina, dovremo avere chiaro il concetto del nostro menu, come sono realizzati i diversi prodotti e di quale materie prime avremo bisogno per la loro preparazione e conservazione, ma, soprattutto, le caratteristiche del locale in cui sarà costruita. Non sottovalutare le aree di lavaggio della cucina e quelle per lo stoccaggio dei prodotti, che siano celle frigorifere o magazzini. Ricorri al parere di un esperto in igiene e controllo sanitario per aiutarti.

AQUA Pool & Lounge Ibiza

Durante l'inverno del 2018, abbiamo trasformato una debolezza in opportunità. L'hotel Mare Nostrum (Ibiza) ha una capacità di 1.100 ospiti distribuiti in due torri, una di fronte all'altra. In mezzo a queste, sorge l'area della piscina, con 2 snack bar e un ristorante con una capacità di oltre 1.000 persone.

In mezzo c'era un soffitto pieno di uscite d'aria, diversi apparecchi e altri tipi di macchinari. A dire il vero non era molto bello da vedere. Volevamo modificare l'aspetto di questo soffitto per "migliorare" la vista di oltre la metà dei nostri ospiti.

Quindi abbiamo proposto di creare un locale tipo rooftop con un lounge bar in cui offrire snack e bevande. Aree relax e aree di ristoro accanto alla bella piscina, con una base di vetro che si poteva vedere dalla reception. L'area può accogliere oltre 500 ospiti e l'ambiente creato, oltre a migliorare notevolmente l'estetica e il livello dell'hotel, ci ha permesso di ottenere un nuovo punto F&B con elevata redditività. Il risultato del primo anno è stato spettacolare, superando le nostre aspettative di vendita di oltre il 40%.

Il menu proposto era un menu tipo snack, con prodotti di elaborazione molto veloce, rotazione elevata e assemblaggio molto semplice. Il food cost era tra il 18% e il 22% di media. Il beverage era caratterizzato da prodotti di qualità, con detox, cocktail e mocktail realizzati con ingredienti freschi, con un beverage cost compreso tra il 12% e il 15%.

Puoi preparare il menu e poi progettare il bar e la cucina in base a quello. Oppure elaborare una prima bozza del tuo menu, progettare la tua cucina sulla base di quella, per poi regolare nuovamente il menu con il risultato finale. La soluzione ideale è quella di una cucina progettata per il tipo di menu svolto, ma che sia generica sotto molti aspetti, poiché, nel caso in cui decidessimo di cambiare il tipo di menu o il prodotto offerto, non dovremo fare modifiche. Non chiuderti in idee fisse, *be opened mind.*

Capitolo 6:
Casi di successo

8e20 Events & Services (Italia e Svizzera)

Una storia di successo molto interessante che ho potuto verificare personalmente, collaborando con loro e conoscendo i fondatori, è la società italo-svizzera 8e20. Fondata nel 2010, a Milano, da Luca e Francesco (a quel tempo non avevano nemmeno raggiunto i trent'anni), che hanno costruito una società che conta oggi una quarantina di dipendenti a tempo indeterminato e oltre 100 dipendenti complessivi, con un fatturato annuo superiore ai tre milioni di euro.

Francesco e Luca hanno iniziato come camerieri per eventi nell'area di Milano Fiera. Lì hanno percepito che il mercato richiedeva un prodotto che conoscevano bene, il servizio di outsourcing per lo staff. In brevissimo tempo, 8e20 ha ottenuto molti clienti. L'offerta è cresciuta considerevolmente, così come il numero di servizi di sala richiesti. 8e20 in seguito si è espansa con il personale di cucina. Il prossimo passo sarà il servizio gastronomico. 8e20 è specializzata nella creazione di catering utilizzando solo prodotti di altissima qualità, con particolare attenzione all'estetica dei piatti e alla cura per i dettagli.

Con il passare del tempo, 8e20 ha iniziato diverse collaborazioni e partnership strategiche di successo, con organizzatori di eventi, wedding planner, flower designer e così via. I fondatori si sono mossi da Milano per aprire la loro nuova sede a Lugano (Svizzera), dove avevano percepito un'opportunità di mercato (intercettato un altro momento chiave) e in breve tempo sono riusciti a fornire consulenza e servizi di catering ai più importanti marchi e aziende della zona: VIP Hockey Lounge a Lugano, Casinò di Lugano, Seven Group, Gruppo Migros, RSI (TV Svizzera), Guess, tutti i migliori hotel di Lugano, senza trascurare il mercato italiano, formalizzando nuove collaborazioni con il Teatro alla Scala di Milano, Dolce & Gabbana o Ristorante Da Vittorio.

Successivamente hanno acquisito un nuovo ristorante per poter progettare una cucina centrale a Lugano come laboratorio di produzione per servizi di catering ed eventi. Potendo conservare diversi macchinari nel nuovo magazzino, hanno iniziato una nuova attività: il noleggio.

Quale insegnamento possiamo imparare dalla loro avventura? Rifletti su come è nata questa grande azienda, sull'astuzia di guardare oltre l'operatività di tutti i giorni, di capire le esigenze del mercato e rispondere sempre con un approccio costruttivo e mai di rifiuto.

1. STAFF

La storia di 8e20 ci fa capire come a volte, quando per diverse ragioni non è possibile avere uno staff qualificato per eventi o servizi speciali, oppure quando ci sono delle occasioni in cui abbiamo bisogno di staff extra, è possibile assumerlo esternamente, ricorrendo a chi si dedica a questo tipo di servizio in modo professionale.

Ciò che è chiaro è che nella gastronomia, ovviamente insieme al prodotto, il servizio è un fattore chiave e, se vogliamo essere "unici", o essere tra i migliori, avremo bisogno di un team professionale e preparato. La formazione e la professionalità del team di collaboratori è un fattore altamente strategico.

Cercare il top player o formalo internamente? Il grande coach
È chiaro che la qualità del nostro staff è fondamentale nella nostra attività. Per raggiungere quel livello di professionismo, abbiamo due opzioni; il primo, attraverso il recruitment esterno o l'assunzione, il secondo, formando il team internamente.

L'assunzione del personale più qualificato può comportare costi molto elevati, però forse anche rischi molto inferiori. Cioè, investire a lungo termine in personale qualificato sarà molto redditizio, poiché non solo catturerà perfettamente l'idea di business e si prenderà cura del prodotto che offriamo ma, con il suo expertise, fornirà anche il proprio know-how per far crescere la nostra azienda.

Qualsiasi azienda cresce attraverso le persone, quindi investire nel personale è investire nel futuro. Ma a quale prezzo? Paghiamo al collaboratore tutto ciò che chiede? Tutti desideriamo avere nella nostra squadra un Lionel Messi o un Cristiano Ronaldo, ma non è sempre economicamente possibile. Quindi ci viene presentata la seconda opzione, quella della formazione. A questo punto, sei *tu* la chiave. Dovrai trasmettere al team tutta la tua esperienza, il tuo savoir-faire, tutto ciò che hai appreso e che ritieni possa essere la chiave per ottenere quello che hai in mente.

E, quando non raggiungi il livello che desideri, cerca aiuto fuori. Dove? Ci sono diverse scuole di formazione: università, scuole di cucina, corsi di sommelier. Tante possibilità per garantire un buon processo di formazione al tuo staff con l'obiettivo di contribuire alla crescita della tua attività. Oggi molte aziende finanziano i diversi corsi di formazione con contratti che garantiscono un periodo di lavoro una volta terminata quest'ultima dal collaboratore, con sanzioni e multe diverse da applicare in caso di violazione dell'accordo da parte del collaboratore.

Ad esempio, finanziamo uno specifico corso sul beverage al nostro bar manager, grazie a un contratto scritto in cui è previsto che il corso sarà finanziato dalla società fintanto che il collaboratore rimarrà nella nostra attività per un periodo stabilito dopo aver completato con successo il corso e ottenuto il diploma, altrimenti deve pagare la parte della quota fornita per tale addestramento. Idem in caso di mancato completamento della formazione.

Dreamers Club Marbella: un esempio di staff strategico

Come potrei dimenticare questa grande esperienza! Intorno al 2003 o 2004 ho ricevuto la mia prima grande opportunità a livello gestionale. A 21 anni mi è stato offerto il posto di direttore del Dreamers Club di Marbella, un posto in cui precedentemente avevo lavorato come cameriere. Il Dreamers Club era uno dei locali notturni più famosi in Spagna, con una capienza di circa 1.500 persone, ed era conosciuto, oltre che per la sua atmosfera e le sue grandi feste, per il programma dei DJ ospiti.

Il grande successo di vendite era stato realizzato attraverso il servizio in sala (bar e tavoli) oltre agli ingressi. Il cameriere portava il vassoio carico di bottigliette di soft drink, bottiglie di alcolici e bicchieri per servire il cliente direttamente in una delle sue aree private. Bene, immagina la situazione: Jorge Cervera, *l'addetto più giovane dello staff, da un giorno all'altro passa da cameriere a direttore! All'inizio non fu facile, ma dopo un po' il successo non tardò ad arrivare grazie a un elemento chiave: lo staff, la qualità del gruppo di collaboratori.*

C'è stata tale unione e armonia nel team che gli stessi camerieri furono i primi a vendere il prodotto, fidelizzare i clienti, aumentare le vendite, aiutare i nuovi arrivati con la formazione e l'istruzione. In breve, era uno staff molto coinvolto nel risultato finale.

Quando vi sono dei cambiamenti nelle aziende, non tutti li accettano sempre allo stesso modo. In questi periodi di cambiamento di solito c'è un elevato turnover dello staff. In quel periodo nuovo staff arrivava, la politica che applicavamo era diversa alla concorrenza. Non cercavamo degli esperti del settore, volevamo selezionare persone desiderose di apprendere. Persone che volevano far parte di quella nuova famiglia.

A ciascuno di questi nuovi arrivi veniva assegnato un partner con più esperienza che gli spiegasse ognuno dei processi di servizio, nonché tutte le operazioni di lavoro. In breve tempo raggiungevano il livello desiderato e diventavano dei professionisti. Quando erano fuori dal lavoro, portavano e comunicavano il marchio Dreamers come se fosse il proprio.

Quindi fra queste due possibilità, entrambe con i loro punti a favore e contro, quale scegliere? Sicuramente sono entrambi modi positivi, dipenderà dalla situazione e dalle risorse di cui disponiamo.

Grand Casino Batumi (Georgia)

Era circa il 2014 e Casinos Austria International mi ha assegnato un progetto per migliorare il servizio e il prodotto per il ristorante del Batumi Casino in Georgia. Oltre alla progettazione della cucina (design, macchinari e proiezione), mi hanno chiesto di formare e stabilire gli standard di servizio per il personale di bar e ristorante.

Batumi a quel tempo era un'oasi nel bel mezzo del deserto. Anche se oggi ha un'offerta turistica diversa, all'epoca la sua risorsa principale era il gioco d'azzardo dei casinò. Ricordo che c'erano più di dieci grandi casinò e sale da gioco in un'area molto piccola della città. Era nota come la "Las Vegas del Mar Nero". Il nostro casinò era situato al primo piano del fantastico hotel Hilton e il cliente che veniva a visitare le nostre sale era principalmente di origine turca.

Quindi, il nostro Operations Manager mi chiese di creare un menu con un'ampia base di cucina turca e georgiana (per dare anche un carattere di nostrano). Pianificare e sviluppare teoricamente un prodotto non è difficile, la difficoltà arriva nel momento di applicarlo alla realtà. Il personale del ristorante era prevalentemente georgiano, con meno formazione rispetto al personale di cui normalmente mi occupavo nel resto d'Europa e con salari ben diversi.

La prima cosa che dovevo fare per conoscere la situazione che stavo affrontando era analizzare il mercato e la loro cultura, nonché studiare il contratto nazionale di lavoro in Georgia. Ci siamo trovati di fronte a una situazione di novità, poiché non molti anni fa il regime politico in Georgia era molto diverso da quello attuale. Quindi non abbiamo avuto altra scelta che formare bene il nostro personale. Abbiamo elaborato schede tecniche delle diverse ricette, spiegato a ciascuno come procedere, dato delle nozioni su come presentare la sala e il buffet e linee guida del servizio. Ci sono stati diversi viaggi e incontri, ma alla fine il risultato è stato positivo.

2. IL NOSTRO PARTNER E AMICO: IL FORNITORE

Quanto è importante! Pensa al prodotto che offrirai al tuo cliente. Per prepararlo avrai bisogno di diversi ingredienti di qualità che arrivino al tuo centro di produzione sempre nelle migliori condizioni e in tempi ragionevoli. Il nostro "amico fornitore" avrà il compito di assicurarci che lo riceveremo sempre nelle migliori condizioni igienico-sanitarie, in ogni giorno richiesto, e cercherà e ci proporrà sempre alternative e novità del mercato, garantendoci il costante assortimento di scorte nel magazzino.

Consegne puntuali, buoni termini di pagamento, affidabilità commerciale, assistenza, sono tutti aspetti importanti nella scelta di un buon fornitore. Pensa che non solo ci fornirà un servizio di consulenza quando si tratta di selezionare i prodotti, e anche un servizio logistico per gli stessi, ma finanzierà anche la nostra attività, poiché saremo in grado di vendere oggi un prodotto appena ricevuto, che però pagheremo più tardi, dopo 30, 60, 90 o 120 giorni, a seconda degli accordi di pagamento.

È importante che tu selezioni bene chi sarà il tuo fornitore e analizzi tutte le diverse variabili in gioco, dal momento che sarà senza dubbio il primo partner del tuo futuro divenire.

Capitolo 7:

Gestione e controllo del prodotto

1. IL TPV E IL PROCESSO DI DIGITALIZZAZIONE DI SISTEMI

Ti ricordi i tempi prima dell'arrivo della digitalizzazione in cui il cameriere prendeva l'ordine con il blocchetto e la penna? Bene, ci sono ancora casi simili oggi. Magari non è un problema quando si gestisce un singolo punto vendita di piccole dimensioni, la cui redditività e i cui prodotti sono ben noti dal proprietario, grazie alla sua grande esperienza.

Ma cosa succede quando partiamo da zero con un punto vendita abbastanza ampio o con una buona cifra di vendita? Cosa succede se lo gestiamo ma non interveniamo nell'operazione come manager? Cosa succede se non si tratta di uno, ma di diversi punti di commercio? E quando vogliamo avere dati sulla vendita?

Un buon aiuto per la gestione, la vendita e il controllo dei nostri prodotti è adottare un processo di "digitalizzazione", attraverso un sistema POS (sistema del punto vendita). PDA (Personal Digital Assistant) che aiutano a effettuare ordini in cucina o al bar con tutte le possibili specifiche, insieme a un "front" o touch box digitale che verrebbe utilizzato come punto centrale delle diverse PDA, con stampanti nei punti che ci interessano, come la cucina o il bar.

Tutto ciò collegato a un software di gestione che ci consente di analizzare tutti i dati relativi alle vendite e ai costi, nonché di fornirci i dati della reddittività, degli acquisti e dei consumi necessari a mantenere una corretta contabilità e gestione della nostra attività.

Nel decidere quale software e POS utilizzare, avremo diverse possibilità e offerte sul mercato. La decisione finale non dipenderà solo dai vantaggi che ci può offrire, ma anche dall'affidabilità dei dati che ci può mostrare e soprattutto dalla facilità d'uso. Che sia compatibile con altri sistemi è un altro punto da considerare.

Mi sono trovato in diverse situazioni di ristoranti e bar che hanno utilizzato sistemi POS ad alto costo, con molteplici opzioni ma, a causa della mancanza di formazione o della difficoltà, il manager del locale non è stato in grado di sfruttare tutte le sue prestazioni, nella misura in cui è stato utilizzato soltanto come dispositivo di vendita, senza sfruttare tutte le varianti di gestione dello stesso. Quindi meglio che sia meno completo, deduttivo e pratico. Il sistema deve aiutare la nostra gestione, non viceversa. Scegli un sistema con una facile implementazione.

Un altro punto da considerare al momento dell'acquisto sarà il servizio di assistenza e supporto, nonché il suo costo. A volte questi servizi vengono fatturati a ore e il costo finale può essere piuttosto elevato. È importante avere la possibilità di assistenza tecnica durante periodi come vacanze o fine settimana. Tieni presente che, quando la nostra attività si svolge più attivamente, essere "bloccati" dal sistema quando ne abbiamo più bisogno può essere un grosso problema.

Per la maggiore affidabilità e assistenza è sempre consigliabile disporre di un piano di emergenza per il nostro sistema POS. Ad esempio un manuale che ci permetta continuare la vendita anche in caso di guasto del sistema. O qualcosa come un semplice bloc-notes di gastronomia (con 3 fogli di colori diversi per ogni ordine, uno per la cassa, un altro per la cucina o il bar e un terzo per il controllo da parte del cameriere), una penna e un sistema di apertura manuale della cassa. Insomma, un piano semplice sarebbe più che sufficiente, basta che si possa applicare in maniera veloce.

Rete Wi-Fi

Uno dei requisiti fondamentali per poter implementare un sistema POS completo con dispositivi digitali di tipo touch è disporre di una rete Wi-Fi ottimale. Un buon Wi-Fi che ci consenta di aggiornare continuamente i nostri dati, che non crei problemi alle nostre PDA o che ne provochi il "blocco". Ma oggi il Wi-Fi è un punto strategico per la vendita non solo per questa operatività. Pensa che, nell'elaborazione di questionari e domande ai clienti nelle grandi compagnie alberghiere, la rete Wi-Fi è uno dei punti più cruciali. Avere una buona rete in modo che i nostri clienti possano connettersi non è qualcosa che ci garantisce il successo, ma non averla può essere un errore molto grave che il nostro cliente non perdonerà.

Nella maggior parte dei sondaggi, tra i punti che devono essere migliorati da parte di qualsiasi hotel o ristorante, la rete Wi-Fi, nel caso in cui non sia ottimale, di solito compare, ma fra i punti positivi di solito non viene mai nominata. Oggi diventa un "must", qualcosa che dobbiamo garantire affinché l'esperienza del consumatore sia completa.

Menu digitali

Ogni giorno arrivano sul mercato nuove possibilità di presentazione dei nostri menu, per gestirne l'operabilità e per poterli collegare al nostro sistema POS. Troviamo ad esempio dei menu in digitale, in cui i nostri prodotti sono presentati attraverso un tablet, e non in formato cartaceo come è stato fatto fino a non molto tempo fa. Una volta selezionato il prodotto, ci viene mostrata la sua foto, la descrizione degli ingredienti e degli allergeni, il valore nutrizionale, le possibilità di combinazione con bevande o gli abbinamenti con il vino, e anche la traduzione diretta di queste informazioni in altre lingue.

Le grandi catene di ristorazione che utilizzano queste opzioni di solito seguono strategie tipo "percorsi guidati", in cui i diversi prodotti vengono combinati per formare menu completi. L'obiettivo è che il cliente non acquisti solo un prodotto, ma una combinazione di essi. Ad esempio, ricordo di essere stato in un negozio di una catena chiamata Ham Holy Burger, a Genova. Si poteva scegliere tra diverse opzioni di hamburger e persino modificare la ricetta. Dopo aver selezionato l'hamburger, il software chiedeva quale bevanda gli si volesse associare, offrendo una vasta gamma di scelta di birre, per finire proponendo altri tipi di combinazioni con prodotti tipo finger food e, infine, dessert.

L'esempio più chiaro di questo tipo di menu digitale è quello usato da McDonald's dove, se si ordina tramite la colonna touch, invece di andare al bancone, il sistema dirige il cliente attraverso le diverse opzioni e prodotti disponibili, con l'obiettivo di vendere non solo un prodotto, ma il menu completo.

Altri software di gestione del prodotto

Alla fine le possibilità di digitalizzare i processi del nostro ristorante o catena di ristoranti sono molte. Tutto dipende dal grado di controllo che vogliamo implementare, così come dalle possibilità interne del personale o dalla formazione che vogliamo raggiungere, senza dimenticare la disponibilità economica che possiamo avere.

Pertanto, ripetendo ciò che è stato detto in un paragrafo precedente, un punto importante, quando si decide quale software o programma utilizzare, è la compatibilità con gli altri, dal momento che essere in grado di farli interagire tra loro è fondamentale.

Ricordo, ad esempio, un eccellente software di gestione dei prodotti che abbiamo utilizzato in Migros: il CalcMenu. Un programma per la gestione di vendita dei prodotti offerti, che ci ha permesso di avere schede tecniche complete di tutte le caratteristiche e i dati necessari (ricetta, composizione delle ricette, allergeni, valore energetico, foto, processo di produzione, tempo di lavorazione, food cost ecc.), oltre che di poter gestire i diversi prodotti per ogni specifico punto ed essere in grado di pianificare menu diversi.

Potevamo creare un file completo per un prodotto, per poi successivamente abilitarlo nei punti vendita che volevamo o, addirittura, includerlo in diversi programmi settimanali o mensili (per promozioni, per offerte o per periodi specifici).

2. IL CONTROLLO

La check-list operativa

Molti ristoranti oggi ottengono gran parte dei loro introiti grazie all'organizzazione di eventi privati, matrimoni, comunioni, feste private, oppure cene aziendali. Per quanto riguarda il controllo, la gestione di questo tipo di servizio è di solito più precisa rispetto a quella della normale operatività "à la carte" poiché, in caso di eventi, abbiamo un numero chiuso di clienti, un menu già concordato del quale possiamo calcolare in anticipo il costo, possiamo pianificare il personale in modo più accurato, prevedere un "timing" di servizio... in breve, possiamo persino calcolare il profitto operativo finale stimato dello stesso, poiché normalmente il prezzo dell'evento è chiuso.

Per il controllo di questi eventi, viene solitamente utilizzata la "check-list" o file di controllo, che sarebbe l'insieme di informazioni operative che vanno dalla pianificazione dell'evento alla sua produzione e chiusura, e che viene usata per controllare il loro successo, così come le persone responsabili della loro realizzazione. A livello internazionale, questo tipo di documento è anche noto come "Fact Sheet".

Include informazioni relative all'organizzazione della sala, allo staff e agli orari di lavoro, a funzioni e responsabilità, al menu di cibi e bevande, informazioni specifiche (allergeni, richieste, presentazioni), dettagli di fatturazione e così via.

FACT SHEET					
NOME EVENTO			DATA EVENTO		01.01.2020
DETTAGLI CLIENTE			Responsabile evento		
Azienda					
Persona contatto			Nome		
Posizione			Posizione		
Telefono			Telefono 1		
Cellulare			Teléfono 2		
Email			Email		
Location			Versión	1	
Orario servicio					
Tipo evento					
Adulti					
Bambini					
INFORMAZIONE GENERALE					
ORARIO	DESCRIZIONE	INFORMAZIONE	DOVE	COSTO	RESPONSABILE
SERVIZIO STAFF					
ORARIO	DESCRIZIONE	INFORMAZIONE	DOVE	COSTO	RESPONSABILE
SET UP SALA					
ORARIO	DESCRIZIONE	INFORMAZIONE	DOVE	COSTO	RESPONSABILE

Un altro tipo di elenco di controllo operativo utilizzato è la check-list giornaliera. Normalmente gestita dal direttore del ristorante, o dalla persona responsabile dello stabilimento, include tutti i punti e le informazioni (routine di lavoro) da eseguire prima dell'apertura, durante e dopo (alla chiusura) per il corretto funzionamento del ristorante e per una giusta operatività. Ne esistono molti modelli completi, che possono essere elaborati come processi. Idealmente, potrai organizzare le tue check-list operative seguendo la struttura "pre-durante-post", ovvero tutti i punti di controllo prima dell'apertura del ristorante, durante l'apertura e alla chiusura.

Il report mensile: controllo delle vendite, dei costi e dello staff

Ogni mese il nostro consulente finanziario o contabile ci informerà del risultato raggiunto con qualche dato sulle vendite così come sui i costi. Per quanto riguarda la gestione, avremo bisogno di qualche dato in più, per questo motivo è consigliabile realizzare un report mensile interno, con il quale avremo una migliore visione del risultato economico e operativo del nostro bar o ristorante.

Per questo report possiamo utilizzare i dati relativi alle vendite, al consumo del prodotto e alle spese per il personale (dati rappresentativi del nostro budget o budget mensile), ma anche dati relativi ai clienti (numero di visite o commensali, orari di punta durante il servizio, spesa media per cliente, redditività per cliente, produttività di ciascun cameriere in base al numero di clienti e alla vendita di prodotti) o dati relativi ai prodotti (prodotti più venduti e percentuale di vendite di ciascuno rispetto al totale, redditività degli stessi, numero di unità vendute).

La pianificazione e l' operatività dipenderanno dalle informazioni più rilevanti che si desidera avere o che si ritiene siano più necessarie e decisive per la propria attività.

Controllo dei coperti

Un'azione utile da considerare può essere il controllo dei coperti o del numero di persone che visitano il nostro ristorante. Possedere un buon sistema POS o TPV non serve a niente se non ne sfruttiamo il potenziale. Si tratta di un'azione molto semplice che però ci dà un dato importante per le decisioni future.

Basterebbe aggiungere il numero di clienti in ogni nuovo ordine, ovvero, aggiungere un'opzione tipo domanda ogni volta che viene aperto un nuovo conto o tavolo, con la quale ci viene richiesto il numero di persone da aggiungere allo stesso.

Normalmente, i POS hanno la possibilità di vendere per diverse ore del giorno, quindi con questi due dati (vendite per ora e numero di clienti) avremo accesso a dati come:

- Migliori giorni di fatturato.
- Ore di maggiore fatturato.
- Ore con redditività più elevata (se incrociamo questi dati con i prodotti e i loro food cost).
- Prodotti più richiesti dai clienti.

Tutti questi dati possono aiutarci a essere più efficienti nella pianificazione del nostro personale oppure nell'elaborazione di nuove strategie, ossia migliorare la struttura del servizio o rivedere la strategia proposta per ogni prodotto. Ecco un esempio:

FEBBRAIO

Giorno		Ottimo 35-50	Buono 25-35	Abb. Buono 20-25	Negativo 15-20	Molto negativo 0-15	Capacidad Restaurante	% occupazione
V	1		35				40	88%
S	2			25			40	63%
D	3		27				40	68%
L	4				17		40	43%
M	5				17		40	43%
X	6					14	40	35%
G	7				16		40	40%
V	8			25			40	63%
S	9	42					40	105%
D	10			24			40	60%
L	11					9	40	23%

$$\text{Ingresso medio per coperto} = \frac{\text{totale vendite}}{\text{numero coperti}}$$

$$\text{Produttività del personale} = \frac{\text{Totale vendite}}{\text{Numero totale FTE}}$$

FTE: Full Time Equivalent: modo di misurare il numero necessario di dipendenti a tempo pieno per svolgere la normale attività operativa
[Fonte: JCT 360]

Parte legale e amministrativa

Oltre alla pura operazione, dovremo gestire in parallelo tutta la parte legale della nostra attività, che siano tasse, pagamenti di assicurazioni, certificazioni, licenze o altro. Normalmente, a meno che non possediamo una formazione specifica in questa materia, è un'area in cui non siamo molto agili o non siamo molto attenti per quanto riguarda scadenze e date di pagamento.

Un altro punto altrettanto importante è quello di adattare la nostra attività alle nuove leggi approvate o di sfruttarle nel caso in cui siano favorevoli in qualche modo per i nostri interessi.

Nel caso in cui non fossimo in grado di gestire in modo efficiente questi punti o non avessimo la capacità di farlo, c'è la soluzione: delegare. La figura del consulente contabile o del responsabile finanziario sarà sempre di grande aiuto. Non lasciare da parte questo punto, perché un semplice errore o dimenticanza può risultare devastante per la continuità della nostra attività.

3. PREPARA IL TUO BUDGET

È negli sport di lunga distanza, come il ciclismo o la maratona, che incontriamo il vero campione di resistenza. Quella persona che supera i suoi limiti e batte i record ogni anno. Ma anche questo campione ha bisogno di alcuni buoni compagni di squadra per raggiungere quella tanto attesa vittoria, compagni di squadra che lo aiuteranno a "tirare" di più e a controllare i tempi e lo guideranno insieme verso l'obiettivo.

Nella nostra attività, il budget può essere quel compagno di squadra che funge da guida per sapere come stiamo andando nei risultati a seconda della pianificazione iniziale, e che ci guida durante l'anno per sapere se le cose stanno funzionando oppure stiamo intraprendendo la strada sbagliata.

È un elemento essenziale, persino obbligatorio, per così dire, nelle aziende di determinate dimensioni, e ci detterà le vendite totali che dovremo raggiungere al termine del nostro esercizio, i costi totali o la percentuale di esse da non superare, il costo del personale necessario e così via. Il tutto segnato da un obiettivo finale: l'utile, EBITDAR, GOP, il profitto finale.

Durante l'operatività, le nostre cifre possono variare, l'importante è che, nel loro insieme, ci forniscano l'utile beneficio oggettivo che avevamo pianificato all'inizio, cioè, se esistesse una parola che si adattasse bene al budget, sarebbe obiettivo. Può essere elaborato in molti modi diversi, iniziando con un obiettivo di vendita e scendendo attraverso il conto operativo fino a raggiungere l'utile, oppure partendo direttamente dal nostro profitto obiettivo per fissare in ultimo le vendite necessarie.

In questo libro non darò una lezione di contabilità e finanza avanzata e non parleremo dei margini di contribuzione I, II o III, dei benefici prima delle tasse o dei criteri di ammortamento. Parleremo semplicemente di uno strumento di base che ti consente di controllare internamente l'operabilità del tuo bar o ristorante. Il lavoro tecnico può essere lasciato allo specialista contabile o amministrativo. Vediamo adesso un esempio pratico con dati non reali.

Cominciamo con le vendite. In questa sezione includeremo tutti i concetti di vendita per avere una somma finale (pagamenti in contanti, con carta di credito, bonifici bancari ecc.). Pianificheremo di mese in mese, per tutto l'anno del nostro esercizio, per conoscere le differenze che avremo riguardo al risultato reale, sia in termini globali sia in percentuale.

		GENNAIO			
		ACTUAL	BUDGET	DIFFERENZA	
		Totale	Totale	%	Totale
VENDITE		97.750 €	80.000,00 €	122,19%	17.750,00 €
	Cash euro	50.000 €			
	AMEX	500 €			
	Maestro	15.000 €			
	Mastercard	10.000 €			
	Visa	8.000 €			
	Buoni aziendali	250 €			
	Bonifici bancari	14.000 €			

Una volta identificate le vendite, andremo alla parte dei "Costi di vendita variabili" per quanto riguarda le merci (consumo di alimenti e bevande).

Dovrebbe essere registrato come consumo e non come stock, poiché lo stock è una risorsa della nostra attività e ciò che realmente spinge al risultato operativo sono i consumi.

Sottraendo le variabili di consumo dalle nostre vendite, otterremo un primo margine commerciale. Seguendo il nostro esempio:

COSTI VARIABILI DI VENDITE	37.000,00 €	37.000,00 €	115,63%	-5.000,00 €	
Consumo "Food"	23.000,00 €	23,53%			2
Consumo "Beverage"	14.000,00 €	14,32%			1
MARGINE COMMERCIALE	60.750,00 €				6

Continuiamo quindi con i costi del personale, sia il personale assunto in maniera continua nel tempo (a tempo indeterminato), sia con contratto temporaneo o eventualmente contratto per periodi di vendita straordinaria:

COSTI VARIABILI DI STAFF	23.000,00 €	25.000,00 €	92,00%	-2.000,00 €	2
Costo staff con contratto indeterminato	15.000,00 €	15,35%			1
Costo Staff con contratto temporale	5.000,00 €	5,12%			6
Costo Staff Extra	3.000,00 €	0,07%			3

Ovviamente non esistono soltanto consumi e costi del personale nella nostra attività, ci sono anche altri costi di produzione, come l'acquisto di materiale operativo, la sostituzione dei materiali, i costi di pulizia e manutenzione e molti altri, dopo i quali otterremo il margine industriale.

ALTRI COSTI DI PRODUZIONE	2.450,00 €	2.000,00 €	122,50%	450,00 €	2
Acquisti materiali pulizia e consumo	500,00 €				
Costi di lavanderia	1.200,00 €				1
Acquisti fiori e decorazioni	250,00 €				
Acquisti stoviglie, posate ed utensili cucina	300,00 €				
Acquisti materiale sala	200,00 €				
MARGINE INDUSTRIALE	35.300,00 €	21.000,00 €	168,10%	14.300,00 €	3

Infine (soltanto per il nostro esempio, visto che potrebbero esserci molti altri modelli di controllo o budget), registriamo i "costi di struttura", come pubblicità, eventuale affitto dei nostri locali, ammortamento, assicurazioni, spese amministrative ecc.

COSTI DI STRUTTURA	9.370,00 €	10.000,00 €	93,70%	-630,00 €	8
Pubblicità	1.400,00 €				
Servizi vari e commerciali	200,00 €				
Costi per reparazioni e manutenzione	250,00 €				
Affitto	5.000,00 €				5
Luce ed acqua	400,00 €				
Ammortamento	1.000,00 €				1
Costi amministrativi	600,00 €				
Assicurazioni	400,00 €				
Altri costi di gestione	120,00 €				

Il risultato finale sarà un utile netto (senza tasse, parliamo di un modello teorico e non contabile), in cui saremo in grado di vedere il nostro risultato reale basato sull'obiettivo mensile che ci eravamo prefissati, in percentuale e in termini monetari:

	Actual	BG	Differenza	Differenza	
UTILE NETTO	25.930,00 €	11.000,00 €	235,73%	14.930,00 €	24

Fonte: JCT 360

Conclusione

Nel corso di questo libro siamo riusciti a vedere alcuni dei diversi mercati e tipi di attività di gastronomia con le loro particolarità, operatività e le loro possibili strategie per un'ottima gestione.

Abbiamo poi approfondito l'analisi della concorrenza e abbiamo visto quanto sia importante sapere cosa fanno i nostri competitor ma, soprattutto, quali sono i loro punti di forza e come possiamo fare per imparare da loro, e se possibile, instaurarli nella nostra azienda.

È stata spiegata l'offerta dei prodotti e l'operatività per ogni tipo di servizio (colazione, pranzo, aperitivo o cena) mostrando degli esempi di ristoranti di successo o modelli di attività ad alta reddittività.

Poi, nel capitolo 3, abbiamo visto i diversi tipi di attività. Dai bar ai fast food, passando per enoteche e cocktail bar, ristoranti tipo self-service e, per finire, i ristoranti tipo gourmet. In questo capitolo c'è inoltre qualche appunto per la gestione online dell'attività, per la gestione del sito web e quella dei social media.

Nel capitolo 4 abbiamo iniziato parlando di strategia (sia per via dei costi che per le vendite, attraverso la specializzazione) per poi spiegare la parte analitica del prodotto, in concreto le schede tecniche di prodotto e il food cost. Poi c'è stata una piccola introduzione ai processi nella ristorazione.

Più avanti è stato spiegato il processo di menu engineering, o come sviluppare e preparare la carta del tuo ristorante, con una breve descrizione dei principali prodotti del food e del beverage. Quindi qualche spunto sulla progettazione di sala e cucina, ovvero, come creare il tuo progetto di ristorante dal punto di vista dell'operatività e dell'arrendamento.

Un punto importante, che non è stato dimenticato in questo libro, è quello dei "partner". Non solo fornitori, ma soprattutto la gestione delle persone, con qualche esempio reale ed esposizione dei diversi modelli motivazionali.

Da ultimo, ma non per importanza, abbiamo parlato del prodotto e del controllo dello stesso, spiegando l'importanza di adottare il processo di digitalizzazione nei ristoranti e consegnando qualche tool utile come check-list, modelli di budget o tabelle di controllo e analisi di reddittività.

È arrivato quindi il momento di salutarci ma, prima di farlo, ci tengo a dirti che, se ti è piaciuto questo libro e hai piacere a entrare in contatto con me, puoi trovarmi qui:

www.jct360.eu

me@jct360.eu

www.linkedin.com/in/jorge-cervera-tirado

Ringraziamenti

Questo libro e queste righe sono possibili grazie a un gran numero di persone. Ma vorrei evidenziarne alcune che mi hanno dato lo slancio necessario al momento giusto per crescere.

Grazie ad Antonio Domenech e Michael Keijzer per aver creduto che un ventunenne sarebbe stato in grado di gestire il loro importante Disco Club a Marbella, quando nessun altro sarebbe stato così coraggioso nella sua decisione. In particolare ad Antonio Domenech, per aver creduto sempre nel mio giudizio e aver pensato ancora a me dopo più di 10 anni e per essere stato in grado di riportarmi in Spagna a gestire la parte gastronomica del suo gruppo alberghiero.

Grazie a Helmut Wede e Patrick Lardi per aver scommesso su quel giovane spagnolo con tante idee per promuovere la gastronomia al casinò. Per avermi dato l'opportunità di dirigere tutta la gastronomia del Casinò di Lugano e di dare libero sfogo alla creazione dei suoi ristoranti e bar, in particolare Helmut, per avermi portato a realizzare così tanti progetti in Europa e in parte dell'Asia. Ricorderò sempre quei bei momenti in Georgia con il completamento del progetto Gran Casino of Batumi.

Grazie a Giacomo Bruno per avermi spinto a fare quel salto in più e per avermi incoraggiato nell'avventura di scrivere un libro. Un vero numero 1 nel mondo degli affari, una persona che realizza tutto ciò che si propone.

Grazie a Paqui Cervera, Alberto e Axier per il loro primo giudizio su questo libro.

E, soprattutto, grazie a mia moglie Carmen di Miceli per il suo supporto, per sopportare la mia frenetica carriera e vita e per spingermi moralmente ogni volta che ne ho bisogno.

Nota sull'autore

Jorge Cervera Tirado, nato a Marbella (Spagna), è consulente gastronomico e proprietario dell'agenzia JCT360 (www.jct360.eu). Attualmente è Corporate Director Food & Beverage di una delle catene alberghiere più importanti in Spagna, il Grupo Playasol, con 37 strutture, più di 65 punti vendita di gastronomia (caffè, bar, catering, eventi e ristoranti) sotto la sua gestione e con più di 600 collaboratori nel suo settore.

Con più di 20 anni di esperienza nel mondo della gastronomia, 15 dei quali in posizione manageriale, Jorge ha lavorato in mercati molto diversi tra loro come Spagna, Inghilterra, Francia, Germania, Italia e Svizzera. Mettendo da parte la paura e cercando nuove sfide, sempre con la valigia in mano, ha sfidato il rischio di muoversi da una posizione di comodità, cercando sempre il cambiamento per migliorare la sua esperienza.

Ha collaborato con aziende riconosciute a livello internazionale come The Ritz e The Ministry of Sound (Londra), Olivia Valere,

Dreamer's Club e Nikki Beach (Marbella), Schuhbecks Group (Monaco di Baviera), Seven Group e Cooperativa Migros (Svizzera) e Casinos Austria International (Austria).

Oltre alla sua esperienza manageriale, Jorge ha collaborato a progetti di nuova creazione come Ristorante Elementi (Lugano), Sala Innova Club (Málaga), On Beach (Torremolinos) Casino Schaanwald Restaurant (Lichtenstein), Casino Batumi Restaurant (Georgia), Seahorse Restaurant (Ibiza), Blavós Ibiza (Ibiza) e Aqua Pool Lounge (Ibiza).

Laureato in Economia e Management aziendale all'Università di Malaga e con un MBA per la ESIC Business School, Jorge ha ottenuto inoltre un Master in Restaurant Management (Università di Zaragoza), un Diploma di Gerente esercente pubblico di Gastronomia (Gastrosuisse) e un Diploma di Sommelier (AIS).

Jorge porta avanti la sua attività aziendale insieme alla sua famiglia, sua moglie e i due figli, con i quali condivide bei momenti ogni giorno.

www.jct360.eu

9 788861 748613